SECRETS ET PRATIQUE
DE
L'OCCULTISME

Avec la collaboration de
Jean Arbuleau
Christel Mouchard
et les textes originaux de
Deleuze, Rochas, Robert-Houdin,
Allan Kardec, William Crookes.

Alexandre Bonnet

SECRETS ET PRATIQUE DE L'OCCULTISME

couverture : Jérome BOSCH "Le Magicien" (détail)
Musée de Valenciennes

UNE COURTE INTRODUCTION

Le phénomène des tables tournantes existe-t-il réellement ? Comment fait-on tourner les tables ? Peuvent-elles servir à communiquer avec des êtres absents ou disparus ? Peut-on agir à distance sur la matière ? La mort physique est-elle un phénomène de destruction totale ou bien reste-t-il « quelque chose » après la mort ? Peut-on dès lors évoquer les morts et faciliter leurs « apparitions » ? Peut-on transmettre à autrui des informations par la pensée ? Peut-on agir sur les autres à distance ? Peut-on les influencer pendant le sommeil ? Peut-on provoquer ce sommeil ? Se dégage-t-il un certain fluide ou rayonnement autour de l'être humain ? Ce fluide invisible et immatériel peut-il exercer une action sur les autres ? L'occultisme est-il le privilège de quelques rares initiés ?

Telles sont quelques-unes des questions que chacun de nous s'est posé un jour ou l'autre au sujet de l'occultisme.

Nous essaierons de vous apporter des réponses claires à toutes ces questions. A cette occasion, nous étudierons l'historique et la théorie des principaux phénomènes occultes mais à chaque fois que nous le pourrons nous donnerons des indications pratiques, des expériences et les techniques enseignées par les grands maîtres.

L'occultisme a bien entendu des partisans enthousiastes et des détracteurs non moins acharnés. Pour beaucoup, il suffit qu'un phénomène soit inexplicable rationnellement pour qu'ils le rejettent. Ce n'est pas parce qu'un phénomène est surprenant qu'il est imaginaire. Si Louis XVI ou Napoléon voyaient la télévision, ils ne pourraient y voir qu'une manifestation magique. Il se peut donc que les phénomènes que nous classons sous le nom d'occultisme soient parfaitement banals et naturels et qu'on en trouve l'explication scientifique dans quelques années. Même si nous nous trompons sur la nature des phénomènes occultes, nous ne pouvons pas les nier ni en rejeter les effets.

Prenons une petite armoire en bois et mettons-la dans l'angle d'une pièce ; plaçons à l'intérieur de la caisse dix poids de dix kilos. Pour la plupart d'entre nous cette armoire semblera fixée au sol ou au mur, car nous ne pourrons pas la déplacer. Pour un athlète, il sera possible de déplacer l'armoire, car il est plus fort que nous. Cela ne surprend personne.

Mais qu'un homme ou une femme ait des possibilités psychiques différentes des autres et voilà que le doute s'installe en notre esprit.

Pourtant, nous constatons chaque jour que les êtres ont une sensibilité différente. Les femmes, par exemple, ont une intuition souvent très développée. Presque tous les hommes mariés ont connu l'expérience suivante : ils présentent à leur épouse une personne avec laquelle ils viennent d'entrer en relations ; la femme ne reste que quelques minutes en contact avec celle-ci. Le soir l'épouse dit à son mari : « Tu devrais te méfier de ce monsieur ; je ne sais pas pourquoi, mais je le sens... » Et très souvent l'expérience montre que l'intuition de la femme était juste.

Pourquoi le mari qui a passé beaucoup plus de temps avec l'individu en question, n'a-t-il, lui, ressenti aucune méfiance, aucune inquiétude ?

On admet très bien que la femme ait, par un sens que l'on appelle l'intuition, reçu intérieurement des informations sur la vraie nature de l'individu en question. Comment cette intuition a-t-elle fonctionné ? Pourquoi cette information de la femme a-t-elle été si rapide ? Peu importe, mais le phénomène existe.

Dès lors pourquoi certains n'auraient-ils pas la faculté de percevoir la pensée d'autrui ? Pourquoi n'auraient-ils pas, eux aussi, une sorte d'intuition qui leur permettrait de ressentir et de connaître des événements qui se produisent très loin d'eux ou qui se sont produits dans le passé. Nous verrons que de tels individus existent. Ce sont des êtres doués de facultés extra-sensorielles très développées. On les appelle des médiums.

Dans la première partie de ce livre, nous évoquerons rapidement l'histoire de l'occultisme. Puis nous accorderons la place qu'il mérite à Allan Kardec, fondateur du mouvement spirite dont l'influence fut considérable. Ce sera l'occasion d'étudier en détail diverses manifestations spirites et de suivre l'expérimentation pratique, qu'il nous révèle dans son *Livre des médiums*.

Mais nous ne nous contenterons pas d'exposer les faits, de donner les méthodes ; nous les soumettrons à la critique de la science. Nous verrons comment de grands savants ont étudié les phénomènes de l'occultisme avec leur rigueur habituelle et à quelles conclusions ils sont arrivés.

Puis, nous traiterons de l'hypnotisme qui n'est plus tellement « occulte » depuis que le professeur Charcot l'a scientifiquement expérimenté. Plus personne aujourd'hui ne nie l'existence de l'hypnotisme, la faculté des hypnotiseurs parce que l'on a découvert beaucoup plus dans ce domaine que dans celui du spiritisme par exemple. Il y a cent cinquante ans l'un et l'autre paraissaient aussi mystérieux. Aussi est-il sage de ne pas rejeter systématiquement les faits que notre raison et nos connaissances n'expliquent pas aujourd'hui. Demain, tout cela paraîtra peut-être aussi évident que la rotation de la terre ou les ondes hertziennes qui vous permettent de suivre de votre fauteuil les jeux olympiques tenus à cinq cents ou cinq mille kilomètres de chez vous.

C'est pourquoi, dans la dernière partie de l'ouvrage nous découvrirons par des expériences et des exemples vécus, ce qu'est l'occultisme à notre époque scientifique par excellence.

PREMIÈRE PARTIE

LES PIONNIERS DE L'OCCULTISME

CHAPITRE PREMIER

COMMENT EST NÉE LA PASSIONNANTE AVENTURE DE L'OCCULTISME

L'étude et la pratique des phénomènes occultes ont toujours existé. Dès la plus haute antiquité des « initiés » accomplissaient des prodiges et se transmettaient de génération en génération leur savoir. Plus tard, les initiés se groupèrent en sociétés secrètes pour détenir et sauvegarder les secrets des sciences occultes. De l'antiquité au XVIIIe siècle, il s'agit plutôt d'un mélange de recettes et de pratiques qui ressortissent aussi bien à l'alchimie, à la médecine, à la magie, qu'à la philosophie et à la religion.

Le fameux docteur Mesmer

Il faut attendre la deuxième moitié du XVIIIe siècle pour qu'un médecin et savant allemand, le Docteur Mesmer né en 1744, entreprenne des recherches sur le magnétisme avec un esprit neuf. Mesmer est le fondateur de ce que nous appelons l'occultisme moderne. Ses idées et ses méthodes se propagèrent à partir de 1775 et connurent un succès foudroyant.

Il quitta l'Allemagne en 1777 et vint s'installer à Paris. Il fut bien accueilli par de nombreux médecins qui s'intéressèrent à ses expériences et les plus hautes personnalités de la Cour voulurent le connaître. Cependant, comme toute nouveauté, le magnétisme ne manqua pas de détracteurs ; partisans et adversaires de Mesmer firent tant de bruit que Louis XVI nomma plusieurs commissions pour étudier la doctrine et les expériences du savant.

Mais les commissions arrivèrent à des conclusions contradictoires : Lavoisier et Mauduyt condamnaient le système Mesmer, tandis que Jussieu l'approuvait et confirmait le sérieux de ses travaux. Mesmer atteignit la gloire et le magnétisme connut une vogue croissante qui amena de nombreuses recherches pendant tout le siècle suivant.

Au début du XIXe siècle

Le XIXe siècle fut en effet le siècle de l'occultisme. Tout était à découvrir et on découvrit beaucoup.

En 1837, l'Académie de médecine rejeta pourtant encore le magnétisme. Mais en 1840, le Docteur Braid découvrit que le sommeil pouvait être obtenu en faisant fixer, à un sujet, un point brillant. Ce fut la naissance de l'hypnose et de l'hypnotisme, technique à laquelle le fameux docteur Charcot devait, quarante plus tard, donner ses lettres de noblesse. En 1878, ce grand neurologue introduisit l'hypnotisme à la Salpêtrière et en fit une discipline scientifique.

Parallèlement, une nouvelle génération de chercheurs dégagée des pratiques magiques anciennes abordait l'étude de l'occultisme avec un œil neuf.

Il faut mentionner tout particulièrement Eliphas Lévi, de son vrai nom l'abbé Alphonse Louis Constant, qui se situe à mi-chemin entre les kabbalistes du Moyen Age et les occultistes modernes.

Le prêtre défroqué : Eliphas Lévi

Eliphas Lévi naquit en 1810. Il entra dans les ordres, mais rapidement il sortit de l'orthodoxie. Il écrivit de nombreux ouvrages dont « L'Histoire de la magie », « La clé des grands mystères », « Dogmes et rituel de haute magie ». Ce dernier ouvrage, écrit lorsque l'auteur avait la quarantaine, résume l'ensemble des connaissances qu'il a acquises et donne un aperçu très complet de sa doctrine.

La magie du chiffre sept

Eliphas Lévi se réfère beaucoup à la Kabbale, pour lui c'est « un infini qu'on peut faire tenir dans le creux de la main d'un enfant » : 22 lettres, 8 chiffres, 1 triangle, 1 carré et 1 cercle. Voilà les principes élémentaires du Verbe écrit, reflet de ce verbe parlé qui a créé le monde. La Kabbale relie la raison et la foi, la science et le mystère. Elle est donc la clé de toute connaissance scientifique ou irrationnelle. Pour Eliphas Lévi la magie est à la fois une science et une force, car sans la force la science n'est rien ou plutôt elle peut être un danger. Eliphas Lévi croit à la magie du nombre 7. Pour lui, la vertu du septennaire est absolue. La septième année chez les Juifs était celle du Jubilée, le septième jour est le jour du repos, c'est aussi celui de la prière. Dans la religion, il y a sept sacrements. Le prisme se décompose en sept couleurs, la musique se lit en sept notes. Il y a sept planètes qui correspondent à sept divinités de l'Antiquité. Les signes cabalistiques des sept esprits sont pour le soleil un serpent à tête de lion, pour la lune un globe coupé par deux croissants, pour mars un dragon mordant la garde d'une épée, pour Vénus un lingam, pour Mercure le caducée, pour Jupiter le pentagramme flamboyant dans les serres ou le bec d'un aigle, pour Saturne un vieillard boiteux ou un serpent enlacé autour de la pierre héliaque.

Eliphas Lévi se passionne ensuite pour l'initiation magique. Il rappelle que les initiations anciennes étaient dangereuses et terribles et plus elles l'étaient, plus elles avaient d'efficacité. L'art sacerdotal du magicien et l'art royal du chef consiste surtout en épreuves de courage, de discrétion et de volonté.

Pour régner sur les autres

Il s'intéresse aussi à la sorcellerie, aux envoûtements et, bien entendu, à l'exorcisme. Il donne de nombreux conseils sur la façon de devenir mage. « Si vous voulez régner sur vous-même et sur les autres, écrit-il, apprenez d'abord à vouloir ».

Alors se pose la question : comment apprend-on à vouloir ? C'est entre autres choses ce qu'Eliphas Lévi enseigne à ses adeptes. Il leur conseille une vie régulière, il les invite à s'entraîner aux privations volontaires de façon à être prêt à accepter celles qui ne le seraient point. Il faut aussi savoir résister à tout désir dès lors qu'il n'est pas indispensable à la réalisation de notre objectif essentiel. Il faut savoir renoncer à la liberté apparente pour acquérir la véritable liberté, l'indépendance envers le monde matériel. Après cet entraînement intensif celui qui veut devenir mage doit se purifier pendant quarante jours. Pourquoi quarante ? Parce que ce nombre est sacré. Il en est de nombreux exemples dans la Bible ainsi Jésus, lui-même, s'est retiré quarante jours dans le désert.

Eliphas Lévi s'est également passionné pour le tarot. Il donne de nombreux conseils sur la manière de lire les hiéroglyphes du tarot, sur la façon de disposer les cartes et il affirme que le tarot répond à toutes les questions possibles, avec netteté et infaillibilité.

L'évocation des morts

Enfin, Eliphas Lévi s'intéresse à l'évocation des morts. Il est convaincu que les images des morts peuvent apparaître aux personnes qui ont été magnétisées. Ces apparitions répondent toujours aux questions qu'on leur pose, mais elles ne le font jamais avec une voix comparable à celle des vivants. On n'entend pas la voix, mais les apparitions se manifestent par des contacts électriques et quelquefois même par le toucher. Ce sont les apparitions qui touchent les personnes présentes ; mais celles-ci ne peuvent les toucher. Il affirme pourtant que les apparitions ont une présence si frappante qu'il est impossible de douter de leur réalité. Il dit aussi – et nous retrouverons cette préoccupation aussi bien chez Allan Kardec que chez les magnétiseurs – que les évocations doivent toujours êtres faites dans un but louable, qu'il ne faut pas évoquer les morts par simple curiosité ou pour briller auprès de ses amis. Inutile de dire qu'avec de telles théories, le brave abbé Constant ne tarda pas à être en opposition totale avec l'Église. Il fut un prêtre défroqué, mais il eut tant d'enthousiasme et tant de foi dans ses convictions qu'il ne sembla jamais souffrir de sa rupture avec l'église officielle. Il restait d'ailleurs extrêmement croyant et pour lui la magie n'était qu'une façon de mieux pénétrer les secrets de Dieu et de mieux connaître ses volontés.

Nous ne donnerons pas les très nombreuses recettes pratiques qu'Eliphas Lévi nous livre dans ses ouvrages, car il faut avouer qu'elles sont un peu dépassées de nos jours. Il était toutefois impossible de ne pas situer le personnage d'Eliphas Lévi dans ce milieu du XIXe siècle, car il a incontestablement préparé le succès des grands occultistes qui suivirent. Parmi ceux-ci la première place revient à Allan Kardec dont nous contons la fabuleuse histoire dans le chapitre suivant.

Le grand maître

Puis, à cheval entre le XIXe et le XXe siècle, un autre personnage allait devenir célèbre : le Docteur Gérard Encausse qui prit le nom de Papus et qui fut le plus grand maître des sciences occultes de notre temps. Rendons aussi hommage à Paul Jagot qui poursuivit avec un remarquable sens pratique l'œuvre de Papus.

Ce ne sont là que quelques-uns des noms qui firent progresser la connaissance de l'occultisme et sa vulgarisation. Il était bon de les situer avec quelques dates dans la grande aventure de l'occultisme que nous allons découvrir dans ce livre.

CHAPITRE DEUXIÈME

ALLAN KARDEC, GRAND-PRÊTRE DU SPIRITISME

Le spiritisme est une science qui permet de communiquer avec l'esprit des morts par le truchement d'un médium. C'est une science qui a ses lois et ses règles, aussi précises que la physique et la chimie, mais moins rigoureusement mathématiques, parce qu'elles n'excluent pas l'éventualité d'une controverse. Et ses détracteurs n'ont pas manqué.

Émanant des fétichistes et des guérisseurs qui pullulaient jusqu'à la fin du XVIIIe siècle, aucune explication valable et positive n'était donnée sur les phénomènes étranges de communications des esprits avec les vivants. Ou bien ceux qui en percevaient les manifestations criaient au charlatanisme, ou bien les moins médisants étaient la plupart du temps terrifiés par des transmissions sonores qu'ils ne comprenaient pas. Rien ne prédisposait le spiritisme à être admis par le monde entier. Il a fallu qu'apparaisse un homme, pour que l'intervention des occupants de l'au-delà soit transformée en une nouvelle religion. Une religion sans temples et sans rites immuables, mais ayant à sa tête un grand-prêtre parvenu à promouvoir et à codifier le spiritisme.

Qui était cet homme ? Le fils d'un magistrat lyonnais.

Une enfance sans histoire

Le 3 octobre 1804, la femme de Jean-Baptiste Rivail, juge au tribunal de Lyon, met au monde un petit garçon. Ce nouveau-né portera les prénoms de Léon-Hippolyte-Denizard. Ses parents habitent la rue Sala qui existe toujours, mais la maison dans laquelle il a vu le jour a disparu. Son enfance se déroule sans incident et sans éclat particuliers. Il commence à faire ses études dans une pension lyonnaise et, s'il se montre bon élève, il ne se distingue pas particulièrement, si ce n'est par une prédisposition aux exercices de mathématiques et aux compositions de français. Son père, estimant qu'il peut étendre et développer ses connaissances d'une façon plus poussée, décide de l'envoyer en Suisse. Il le fera admettre à l'Institut Pestalozzi d'Yverdon, école réputée à l'époque et installée au bord du lac de Neuchâtel. L'institution est dirigée par un éducateur dont l'influence va jouer un rôle primordial dans l'orientation du jeune Rivail. Ce Pestalozzi est un vieillard qui n'a d'autres préoccupations que les progrès de ses élèves.

Une volonté, une énergie

Curieusement, le caractère d'Hippolyte est à l'opposé de la personnalité du maître. Autant ce dernier est un pédagogue, un « savant » (avec ce que cette appellation peut signifier de négligence matérielle compensée par une érudition sans faille), autant l'élève fait preuve d'un esprit méthodique et scientifique. Les extrêmes se complètent. Professeur et étudiant s'entendent à merveille. Pestalozzi apporte la compréhension, la patience, le savoir à l'éveil progressif de l'intelligence chez son pensionnaire. Rivail, lui, manifeste, avec le désir d'apprendre, une volonté, une énergie qui le caractériseront plus tard dans tous ses actes.

Acceptant fidèlement et avec empressement l'enseignement de son maître, le jeune homme a remarqué que le signe prédominant de Pestalozzi était la bonté. Ce professeur s'intéressait profondément à toutes les infortunes. Il n'hésitait pas à ouvrir son portefeuille pour aider un malheureux à sortir d'une situation misérable. Il était généreux, sociable et accessible aux plaintes des déshérités.

Hippolyte passe quatre ans dans ce collège qui lui semble un lieu édénique. Son père l'ayant fait revenir à Lyon, il entre à la Faculté de Médecine de la ville et se trouve aussitôt en présence de condisciples royalistes qu'il ne comprend pas. Désemparé, il échappe à son dépaysement en suivant des séances d'hypnotisme. Et c'est ici que se dessine la vocation du jeune homme. Au début, il n'est guère enthousiasmé par ces réunions. Tout en s'y intéressant, Rivail n'attache qu'une importance secondaire aux phénomènes du somnambulisme provoqué par un magnétiseur. Petit à petit cependant, il observe avec plus d'attention les pratiques de ces « endormeurs » et se rend à l'évidence : les hypnotiseurs peuvent, à volonté, provoquer le sommeil chez certains sujets et les réveiller au moyen de quelques passes. L'étudiant en médecine s'attache encore davantage à ces séances lorsqu'il assiste à des expériences de mesmérisme. Les adeptes de cette doctrine ont approuvé le raisonnement de Franz Anton Mesmer, un médecin allemand dont nous aurons l'occasion de reparler. Arrivé à Paris en 1778, Mesmer démontra que bon nombre d'êtres vivants pouvaient, après avoir été soumis à l'influence d'un fluide humain, sombrer dans l'inconscience et devenir physiquement insensibles. Seules, certaines personnes resteraient réfractaires et ne recevraient jamais le fluide. Rivail étudia plus profondément le mesmérisme et fut conquis : il acquit la certitude que, dans bien des cas, le sujet soumis à l'intervention du magnétiseur dormait paisiblement, mais surtout qu'il pouvait subir une opération chirurgicale sans souffrir, même au moment du réveil et pendant la convalescence.

Critiqué, abandonné, ruiné

Le premier, Rivail conçut les possibilités d'exploitation rationnelle du mesmérisme et décida de se consacrer entièrement à son extension. Mais la doctrine ne nourrissait pas son homme. Organisé et clairvoyant, le jeune carabin eut suffisamment de patience pour se préoccuper d'assurer au préalable son existence de chaque jour, tout en se consacrant au développement de l'hypnotisme qu'il venait de découvrir. Il passe brillamment sa thèse à l'Institut de Médecine de Lyon et... retourne à Yverdon chez son vieux maître. Las ! Malgré les résultats prestigieux de son enseignement, Pestalozzi n'a pas fait fortune. Il est même, à présent, criblé de dettes et il meurt quelque temps plus tard.

Poursuivre l'œuvre de son éducateur

Rivail n'a plus rien à faire à Yverdon. Navré, il décide de rentrer en France et de tenter sa chance à Paris. Il ne perd pas de vue sa conversion au mesmérisme, mais il veut avant tout s'établir, afin de pouvoir vivre sans soucis de trésorerie. Devenu docteur en médecine, il pourrait ouvrir un cabinet de consultations et se faire rapidement une appréciable clientèle. Cependant, le souvenir de l'institution suisse le poursuit trop intensément pour qu'il renonce à une idée nouvelle : ouvrir à Paris une école semblable à celle du vieux Pestalozzi et poursuivre l'œuvre de l'éducateur helvétique.

Un local est trouvé rue de Sèvres ; l'institution est rapidement mise sur pied. Ses portes sont à peine ouvertes que, déjà, les demandes d'inscription affluent. Il est vrai que le nouveau proviseur a pris soin de mentionner dans sa publicité qu'il poursuivait l'enseignement par la méthode de Pestalozzi. L'établissement prospère. Sur sa lancée, le disciple du vieux professeur helvétique, non content du succès obtenu, se lance avec un rare bonheur vers la publication d'ouvrages didactiques. Son premier livre sera intitulé *Plan pour l'amélioration de l'éducation physique.* Étrange et paradoxale contradiction, le futur grand-prêtre du spiritisme y combat la crédulité superstitieuse des ignorants qui croient aux revenants et aux fantômes. M. Hippolyte Rivail ne pense pas à ce moment aux ectoplasmes dont il reconnaîtra plus tard l'existence en les faisant admettre par ses adeptes, lorsqu'il aura conversé avec les esprits.

Une réussite totale

Momentanément, le docteur-professeur-écrivain cumule ces diverses professions et ne peut que se féliciter d'une réussite intégrale sur le plan financier. Premier résultat heureux qui sera suivi pendant quelque temps par beaucoup d'autres. A commencer par la publication de deux ouvrages : *Cours pratique d'arithmétique* et *Grammaire française classique* qui connaissent auprès du public un engouement égal à celui qui accueillit le *Plan*.

En 1832, Rivail fait la connaissance d'une institutrice, fille de Maître Boudet, notaire réputé qui possède une fortune très confortable. Le médecin ne tardera pas à épouser Amélie Boudet. Ce n'est pas la situation paternelle qui attire Rivail vers la nouvelle venue. Ce n'est pas davantage la jeunesse de la demoiselle : il a 28 ans, elle en accuse 37. Mais il a découvert dans celle qui devient sa femme une assistante précieuse. Elle va le seconder dans toutes ses activités et le doubler sans peine dans ses cours de la rue de Sèvres. Les deux époux se complètent à merveille. En dépit des tourments qui vont parsemer leur existence, ils vivront, solidement unis, pendant trente-sept ans.

L'oncle perd sa fortune

Leur bonheur est fréquemment interrompu par des événements graves. L'oncle Émile perd toute sa fortune au jeu. Sa situation prend très vite mauvaise tournure. Associé de Rivail, il se voit dans l'obligation de retirer sa part du capital constitué par l'institution de la rue de Sèvres. L'établissement est vendu 90 000 francs, somme (importante pour l'époque) que les deux hommes se partagent. Émile est tiré d'affaire. Rivail ne se retrouve pas sur le pavé mais son rêve de continuer à propager la doctrine de Pestalozzi s'est évanoui. Viennent quelques jours de découragement. Amélie est là pour réconforter son mari, très déçu. Heureusement, l'infortuné a déjà fait ses preuves : il réagit promptement à ce coup du sort. Il croit réaliser une bonne opération en replaçant la totalité de son argent chez un ami, négociant en tissus. Et il accepte un poste de professeur dans un collège du boulevard Saint-Germain. Le malchanceux n'est pas au bout de ses déconvenues : le commerçant à qui il a confié sa petite fortune fait faillite. A l'image de son maître Pestalozzi, Rivail est ruiné. Il n'a plus que son travail. Conservant son poste dans l'établissement du Quartier Latin, il continue à écrire des livres scolaires qui se vendent bien et lui permettent de faire face à l'adversité.

Un esprit réaliste

C'est alors qu'il rencontre le docteur Koreff. Ce magnétiseur réputé lui expose ses théories sur l'hypnose pratiquée par fluide humain entraînant la transposition des sens et le dédoublement de la personnalité, théories que Rivail ne partage pas. Du moins pour l'instant. Mais le jeune savant a une facilité d'adaptation et, surtout, un esprit éveillé toujours prêt à admettre une opinion ou des idées qu'il avait jusque-là rejetées ou dénoncées comme fausses. Et c'est là qu'apparaît le caractère d'Allan Kardec (pseudonyme qu'il adopta lorsqu'il poursuivit ultérieurement ses travaux sur le spiritisme). Sa personnalité semble être double : Kardec est partagé entre, d'une part un réalisme à la Platon, et peut-être à la Karl Marx, dû sans doute à ses longs séjours en Suisse et, d'autre part, une croyance philosophique fondée sur l'intuition et la prescience que ses origines lyonnaises pouvaient lui avoir inculquées. Il accepterait intégralement et avec enthousiasme les phénomènes d'hypnose qui préfigurent les pratiques spirites si un obstacle sérieux ne s'y opposait. Non qu'il fasse preuve d'un bon sens bourgeois plein de défiance, mais parce que son esprit positif n'admet, pas plus qu'il n'explique, la réincarnation d'une âme morte dans l'esprit d'un vivant. Considérée sous un angle matérialiste, cette transformation lui paraît un phénomène irréalisable.

Mais il restait perplexe

Kardec fait part à Koreff de son incompréhension et, en même temps, de son désir de discerner la vérité dans l'étrange et attirante doctrine animiste. Il a couché sur le papier les grandes lignes d'un entretien qu'il eut avec son confrère et qui acheva de balayer ses doutes. Pour vaincre sa perplexité, il demande à cet initiateur :

– Comment un sujet peut-il, pendant l'hypnose, rencontrer et discerner l'esprit d'un disparu bien déterminé, alors que des myriades d'âmes – substances impalpables s'il en est – écrasent celle de l'évoqué ?

Koreff eut un sourire qui traduisait une indulgence un peu méprisante à l'égard du néophyte ignorant :

– Ne vous est-il jamais arrivé de faire la file soit dans une banque, soit dans une clinique, soit lors d'une loterie, et d'avoir entendu appeler par son numéro, voire par son nom, l'un ou l'autre des présents ? Eh ! bien, transposez cet appel dans le royaume des esprits. Pourquoi l'un de ceux-ci, percevant une invocation lancée par le truchement d'un sujet ne répondrait-il pas à l'appel ? Il suffit d'un courant énergétique émanant de la volonté du médium. Pourquoi la pensée ne se transmettrait-elle pas au même titre que la parole ? Que faites-vous de l'immortalité de l'âme ? En êtes-vous seulement à ce stade de non-perception élémentaire ?

Kardec, qui ne demandait qu'à être convaincu, n'en continua pas moins à exposer sa provisoire incrédulité :

– Certes, j'admets la transmission de pensée parmi les vivants. Mais le médium fait parler un mort...

Koreff l'interrompit :

– Pardon. Il ne fait pas parler le mort. Il l'invoque pour connaître sa pensée. Et la faculté de penser – que rien, à ma connaissance, ne permet de dénier aux défunts – se traduit en pénétrant dans le subconscient du sujet. Lequel sert d'interprète en recourant à la parole.

Plus loin que l'hypnotisme

Kardec, définitivement acquis à la cause du magnétisme, sera un des premiers à prôner la réalité de l'existence de cette nouvelle science ésotérique et les bienfaits qu'elle répand. Il est bientôt appelé à connaître l'extension de l'occultisme envisagé sous un angle plus vaste que celui de l'hypnotisme. Ce qui entraînera pour lui la découverte du spiritisme pur.

Vers cette époque, en effet, c'est-à-dire au début de 1848, on commença à beaucoup parler de phénomènes bizarres qui s'étaient produits à Hydesville, une petite localité de l'État de New York.

Dans une maison occupée par une famille d'immigrants d'origine allemande, les Fox, on entendait des coups, frappés à la porte, par des visiteurs invisibles. Jusque-là, rien de bien nouveau, car les maisons dites hantées étaient connues depuis longtemps. Celle des Fox avait d'ailleurs cette réputation, mais on ne l'avait pas signalé aux nouveaux venus, le Dr Fox, son épouse et ses deux filles Margaret âgée de 15 ans et Kate âgée de 12 ans. Les phénomènes allaient en s'amplifiant : coups à la porte, dans le plancher, sensation de frôlement la nuit... Finalement les enfants s'amusèrent de ces particularités et appelèrent « Pied fourchu » l'esprit ou le démon qui hantait les lieux. Un soir, Kate frappant des mains constata que Pied fourchu lui répondait par un coup dans le mur. Sa mère Madame Fox, venue dans la chambre de Kate pour constater le phénomène posa la question : « Si tu es un homme, frappe un coup... » Pas de réponse. « Si tu es un esprit, frappe deux coups ». Kate et sa mère entendirent deux coups. Ce qu'on devait appeler le spiritisme, ou art d'évoquer les Esprits, était né. Cela se passait le 31 mars 1848.

Un véritable triomphe

Les Fox excitèrent rapidement la curiosité de leurs contemporains et leur maison attira de nombreux visiteurs. Ils quittèrent Hydesville pour se fixer à Rochester où leur réputation arriva avant eux. A Rochester comme à Hydesville, ils continuèrent à évoquer l'esprit, perfectionnèrent le code de communication par les coups (ce que l'on appelle maintenant la typtologie) et réussirent à communiquer avec des Esprits autres que « Pied fourchu ». Quand les Fox captèrent des messages de Benjamin Franklin, ce fut le triomphe et rapidement le Spiritisme se répandit dans tous les États-Unis.

En France, au même moment on constatait des phénomènes identiques et on adopta le système de communication des Fox. Allan Kardec s'y intéressa de très près.

Le spiritisme venait de naître

Allan Kardec, definitivement séduit par la création d'une merveilleuse méthode de conversation avec les trépassés, résolut de se consacrer entièrement à cette récente doctrine et, avant tout, d'évincer les charlatans, ces exploiteurs de la crédulité publique n'ayant qu'un unique but : abuser une foule trop naïve, afin de monnayer leur prétendu pouvoir magique. Kardec, qui avait pris conscience de l'existence réelle de ce nouvel évangile, se disposait à rendre visite aux Fox lorsqu'une campagne menée par diverses Églises le retardèrent. Il s'agissait essentiellement d'églises méthodistes officiant presque exclusivement aux États-Unis. De l'autre côté de l'Atlantique, certaines missions religieuses s'inquiétèrent du développement pris par cette concurrente imprévue et tentèrent de briser son élan. Il était trop tard : le spiritisme s'était répandu comme une traînée de poudre.

Les expériences faites par les Fox dans ce domaine devaient bientôt être largement dépassées. Allan Kardec entreprit une importante propagande en faveur du mouvement. La société du second Empire se divisa en deux camps : les convaincus et les incrédules. Les uns et les autres trouvent dans la doctrine matière à discussion et, peut-être aussi, le moyen de se passionner pour ce qui ne leur semble parfois qu'un simple divertissement. Les fanatiques sont, à coup sûr, les plus nombreux. Déjà, les explorations des Fox dans ce domaine commencent à perdre leur attrait. Des médiums américains, toujours orientés vers de sensationnelles nouveautés, apportent en France le mystère le plus stupéfiant qui soit : les tables tournantes.

Chez Victor Hugo

On a longuement épilogué sur l'authenticité des meubles *parlants*. La plupart des commentateurs se sont montrés, surtout au début, si maladroits, si ridicules que, seuls, les premiers témoins pouvaient se déclarer émerveillés par le phénomène. (Les témoins, c'est-à-dire ceux qui avaient pu constater que des tables se déplaçaient sans l'assistance d'un geste humain.) Un des plus surpris et, sans doute, des plus troublés par ces extraordinaires manifestations fut... Alexandre Dumas père. Un soir d'orage, l'auteur des *Trois Mousquetaires* se trouvait chez Victor Hugo. Les deux écrivains s'entretenaient d'un sujet littéraire lorsque, succédant à un éclair, un très violent coup de tonnerre fit trembler le pavillon dans lequel ils se trouvaient. La foudre était certainement tombée à proximité. Dumas, peu impressionné par le feu du ciel, s'apprêtait à continuer la conversation quand tout à coup, à deux pas de lui, il vit une console placée contre le mur faire un petit saut en avant, se soulever de quelques centimètres et retomber lourdement sur le sol. Soupçonnant Hugo de lui avoir fait une plaisanterie, il lui dit en souriant :

– Vous êtes adroit, mon cher Victor !

Le poète des *Chants du Crépuscule,* qui était déjà tout acquis aux fantaisies du spiritisme, lui rétorqua :

– Il n'y a là aucune adresse de ma part, mon cher ami : vous venez d'assister à une intervention des esprits.

Dumas ne revint plus

Dumas, croyant toujours à une facétie, se mit à rire et voulut ramener la console à sa place primitive. Il se baissa, la saisit, mais à peine l'eut-il touchée qu'il reçut dans la main une forte décharge électrique. Apeuré, il chercha aussitôt à comprendre ce qui lui arrivait. Hugo lui exposa que les esprits possédaient un fluide différent de celui des humains, Dumas ne crut pas un mot des explications données par son confrère et trouva un prétexte pour s'esquiver. Il ne revint plus jamais chez Victor Hugo.

Les tables qui parlent

Allan Kardec, bien que profondément attaché aux thèses du magnétisme, avait d'abord hésité à admettre l'existence des tables tournantes, mais il en devint le plus zélé propagateur lorsqu'il se fut assuré de l'authenticité du phénomène.

Au cours de nombreuses expériences, Allan Kardec devisa, par le truchement des tables, avec des auteurs comme Shakespeare, Molière ou Chateaubriand ; le contact fut établi avec les personnalités les plus diverses comme les plus anciennes. Le grand-prêtre conversa, lors de séances privées auxquelles assistaient des adeptes à l'incontestable loyauté, avec Eschyle, Mahomet ou Dante. Quoique toutes les questions fussent posées en français, chacun des esprits s'exprimait dans sa langue maternelle. Ce qui conduisait Kardec à traduire, lorsqu'il le pouvait, les paroles qu'il venait de recueillir. Ou encore, quand il ne parlait pas la langue empruntée, à noter les lettres ou les mots composant la réponse pour en demander, après la séance, la traduction à un interprète qualifié. Il est à remarquer que, même reconstituées à quelque vingt-quatre heures de leur émission, les répliques correspondaient toujours au sens des questions posées et ne s'en écartaient jamais.

Avec Camille Flammarion

D'innombrables marques de sympathie accompagnèrent désormais Allan Kardec dans ses démonstrations d'une science reconnue. Les mauvais plaisants disparus, subsistaient encore quelques contradicteurs de bonne foi qui refusaient de reconnaître les interventions verbales des esprits. Parmi ces résistants, l'un des plus acharnés, Camille Flammarion, n'en était pas moins un ami sincère de Kardec. Les deux hommes ne se rencontrèrent qu'aux environs des années 1858-1862, alors que l'illustre astronome était directeur de l'Observatoire de Paris et se disposait à faire paraître une étude sur *la Pluralité des mondes habités*. Ils eurent fréquemment des discussions contradictoires fort bien étayées, pour chacun d'eux, sur des bases solides. Une de leurs conversations met en évidence le raisonnement positif de Kardec :

Flammarion : C'est tout simplement le *moi* du médium – vous, en l'occurrence, mon cher maître – qui influence votre conduite et se traduit par l'expression de pensées que vous ne croyez pas les vôtres. L'esprit que vous invoquez n'existe pas. C'est *votre* esprit qui se matérialise, comme dans un rêve, pour interpréter vos propres aspirations, votre propre volonté. C'est bien votre subconscient qui est le siège de la prétendue pensée d'autrui. Cet état n'est sans doute pas ressenti par votre cerveau ; il ne le réalise pas aussi clairement que les autres sensations de la vie courante. Écartez votre personnalité de l'intervention surnaturelle, vous perdrez aussitôt toute réceptivité extra-terrestre.

Kardec : Il m'est bien facile de réfuter vos objections, Camille. Certes, je conviens qu'un lien unit indiscutablement le médium aux pensées exprimées par l'esprit et qu'elles peuvent être identiques. Mais comment expliquez-vous la scène suivante qui s'est déroulée devant six témoins il y a à peine huit jours : Victorien Sardou, un de mes premiers disciples, un jeune homme qui ne sait qu'écrire mais n'a jamais esquissé sur le papier le moindre dessin, le plus petit croquis, appela au hasard un esprit résidant sur Jupiter. Et, brusquement, Sardou se mit à dessiner des paysages planétaires. Tout y était reproduit : la terre, les habitants, les animaux, la végétation. Supposons que l'une de ces descriptions graphiques soit le fruit de l'imagination du jeune médium ; certes, l'écrivain pouvait concevoir ces personnages et ces paysages qui restaient imaginaires. Soit. Mais comment comprendre cette soudaine facilité à reproduire *par le dessin* des lieux et des êtres totalement inconnus, si la main du dessinateur n'était pas guidée par une puissance invisible ? Le fait est d'autant plus probant que, sitôt la séance terminée, Sardou s'efforça, à la demande de l'assistance, de continuer ses reproductions graphiques. Malgré tous ses efforts, il s'en montra incapable : il pouvait tout juste tracer une ligne droite. En déduirez-vous que son subconscient lui avait conféré ces qualités artistiques pour les lui retirer sitôt l'état hypnotique dissipé ?

La science l'expliquera un jour

Flammarion était ébranlé. Il n'en resta pas moins sur une position dominée par l'incrédulité. Et il rappela à son ami les paroles prononcées quelque temps auparavant par l'historien François Guizot à propos des séances de spiritisme qui faisaient fureur :

« Il existe peut-être des phénomènes psychiques que la science ne comprend pas encore, mais qu'elle expliquera un jour, c'est très probable. En attendant, ces histoires de tables qui tournent et qui parlent me laissent l'impression de divertissements inoffensifs pour personnes oisives.

Les deux amis se séparèrent, chacun persuadé qu'il détenait la vérité. Mais Kardec devait bientôt triompher des incrédules et de ses contradicteurs en livrant au public le fruit de ses travaux spiritualistes. Le 18 avril 1857, il publia le *Livre des Esprits*.

L'ouvrage préfigurait fort bien la révolution qui allait transformer les croyances de l'époque. Sous Napoléon III, le spiritisme devint définitivement une véritable religion se jouant des autres parce que, par l'entremise de Kardec, elle apportait à tous une révélation nouvelle. Il s'agissait des réincarnations successives qui atteignaient chacun des Terriens. La théorie exposée dans le *Livre des Esprits* modifiait audacieusement l'enseignement de Jésus-Christ et le rendait plus souple, moins exigeant et plus accessible à tous les hommes. C'est ainsi que la notion du péché originel était supprimée, de même que celle du Purgatoire et de l'Enfer. Les âmes des Terriens décédés se réincarnaient soit dans d'autres corps sur la Terre même, soit dans un autre monde. Ou bien, elles demeuraient de purs Esprits, ceux avec lesquels les vivants communiquaient de plus en plus complaisamment. Les esprits supérieurs ayant gagné leur grade au cours de réincarnations successives étaient chargés de veiller sur les plus humbles, tant sur les esprits disséminés sur la Terre ou sur les autres mondes que sur les Terriens vivants ou sur les habitants du système planétaire.

Une véritable religion

Le programme, fort séduisant, enthousiasma tous les adeptes qui se multipliaient à présent d'une façon saisissante. Kardec, devenu sans conteste le grand-prêtre du spiritisme, se défendait d'en être le créateur.

Il affirmait avec une grande modestie qu'il n'était que le traducteur de l'œuvre dictée par les esprits. Parmi ces disparus ayant conversé avec l'ancien élève pestalozzien figuraient de très grands personnages. Kardec a cité notamment Socrate, Fénelon ou Platon. Le spirite se rangeait modestement derrière ces directeurs de conscience venus prêcher la nouvelle et bonne parole sur la Terre.

Le *Livre des Esprits* a largement contribué à l'étonnant développement du spiritisme. Après sa publication, Kardec songea à créer un périodique pour amplifier sa propagande. Il s'installa dans un passage situé rue Sainte-Anne et, le 1er avril 1858, fit paraître le premier numéro de la mensuelle *Revue spirite*. Le magazine faisait figurer sous le titre l'épigraphe suivante :

« Tout effet a une cause. La puissance d'une cause intelligente est proportionnelle à la grandeur de l'effet. »

Le succès fut immédiat et prolongé. Kardec exposa, dans son éditorial, les progrès de la presse spiritualiste dans l'univers. Les États-Unis publiaient à eux seuls dix-huit journaux spécialisés. Un unique bulletin était imprimé en langue française. Il s'éditait à la Nouvelle-Orléans. L'Europe se trouvait loin derrière cette profusion de feuilles et de livres réservés aux articles spirites : seul le *Journal de l'Ame* paraissait à Genève.

Tout le monde voulait avoir un contact avec les esprits. Kardec songea à s'agrandir : son petit appartement ne pouvait plus recevoir la foule des solliciteurs. Il prit la décision de fonder une société légale. Mais toute association était soumise, comme de nos jours, à une acceptation officielle. En moins d'un mois, le maître obtint le consentement des autorités. Muni d'un permis en bonne et due forme, il constitua, en avril 1858, la Société Parisienne des Études spirites.

Toujours plus nombreux

Il fallut ensuite découvrir un lieu de réunion assez spacieux. On le trouva sans peine dans la Galerie d'Orléans, au Palais Royal. Et le mouvement continua sur sa lancée. Si les sociétaires du nouveau cercle ne furent pas aussi nombreux que les adeptes des États-Unis, ils eurent l'avantage de se recruter parmi les plus hautes personnalités de la société mondiale de l'époque.

Des jalousies inévitables

Le chaleureux accueil que le public avait réservé à la *Revue spirite* et aux ouvrages précédents de Kardec indisposa quelques jaloux. La jalousie crée parfois la haine. le grand-prêtre n'échappa pas à cette règle. En 1866, huit ans après l'apparition du premier exemplaire de son périodique, Kardec se découvre des ennemis moins inoffensifs que de vulgaires critiques. Il se trouve aux prises avec des adversaires, qui tendent sur son chemin chausse-trapes, pièges et autres traquenards. Si d'anciens opposants qui, à l'instar du romancier Ponson du Terrail, s'étaient convertis au spiritisme après l'avoir véhémentement dénigré, d'autres, un certain nombre d'irréductibles, se manifestaient de plus en plus ouvertement. Une feuille concurrente, *la Revue spiritualiste,* basée cependant sur les mêmes principes, ne le ménageait pas et saisissait toutes les occasions pour manifester son hostilité et tenter de nuire à son œuvre.

Un rêve prémonitoire

C'est à cette époque qu'Allan Kardec fit un rêve étrange : « Dans un lieu inconnu, un groupe d'individus bavardaient... Nous cherchions à saisir l'objet de la conversation lorsque tout à coup, parut dans l'angle d'une muraille, une inscription en petits caractères, brillants comme du feu et que nous nous efforçâmes de déchiffrer. Elle était ainsi conçue : *Nous avons découvert que le caoutchouc roulé sous la roue, fait une lieue en dix minutes, pourvu que la route...* Pendant que nous cherchions la fin de la phrase, l'inscription s'effaça peu à peu et je me réveillai. Dans la crainte d'oublier ces singulières paroles, je me hâtai de les transcrire ».

Kardec ne comprit jamais le sens de ce rêve. Or le 7 août 1869, quatre mois après la mort de Kardec, le Lyonnais Thévenou gagna à Carpentras toutes les courses de vélocipède. On examina son engin roulant et on constata que les roues étaient entourées de caoutchouc. Vingt ans après, Dunlop invente à Belfast le bandage pneumatique et en 1892 Michelin crée le pneu démontable.

Kardec avait-il eu un rêve prémonitoire d'une grande importance. On ne peut vraiment pas exclure cette hypothèse.

Des symptômes inquiétants

Sans qu'il s'en rende compte, les attaques de ses adversaires l'atteignent physiquement. Il commence à ressentir les symptômes d'une maladie de cœur. En proie à intervalles espacés, à quelques malaises, Kardec mit ce mauvais état de santé sur le compte de la fatigue et ne s'en préoccupa guère. Quelques mois s'écoulèrent. Puis une première crise cardiaque vint lui donner le premier avertissement. Après une semaine de repos, il reprit sa tâche. Et décida même d'entreprendre en France une grande tournée de propagande.

Son voyage dura deux mois. Il visita les plus grandes villes métropolitaines. A l'époque, les chemins de fer étaient loin d'atteindre les vitesses actuelles. Et certains parcours s'effectuaient encore en diligence. L'entreprise était fatigante mais se trouvait compensée par les résultats encourageants obtenus. Aucun obstacle ne rebuta Kardec qui reçut sur tout le parcours un accueil enthousiaste.

La réussite de son périple n'a pas atténué la croisade poursuivie contre les théories spirites qu'il a propagées. A son retour, au moment où il veut rattraper le temps perdu à Paris pendant son absence, il est en butte à de nouvelles attaques violentes. Il n'en continue pas moins à suivre le programme qu'il s'est tracé. Au contraire, il s'efforce de concilier les nombreux points communs qu'il a découverts entre l'Église catholique et le spiritisme. Il fait même éditer un nouvel ouvrage qu'il intitulera *l'Évangile selon le Spiritisme,* ce que l'on aurait pu considérer comme un programme menaçant, alors que le livre ne constituait qu'un appel de conciliation et d'entente. Le clergé hostile ne désarme pas. Kardec non plus. Il fait suivre son *Évangile* d'un autre recueil, *le Ciel et l'Enfer,* dans lequel il examine la justice divine selon sa doctrine personnelle. Cette œuvre décuple la fureur d'une partie du clergé, pendant que quelques autres ministres du culte reconnaissent le bien-fondé des théories du maître.

Une véritable mission

Peu en chaut à Kardec pour l'instant : le mal s'accentue depuis quelque temps et la menace se manifeste plus précise. Le cœur est gravement malade. Que peut faire le grand-prêtre sinon écouter le conseil que lui donnent les esprits en insistant pour qu'il se ménage. Mais le maître est dans l'engrenage : il ne peut et ne veut plus interrompre sa tâche. Il la considère à présent comme une véritable mission. Il continuera à la remplir aussi longtemps qu'il pourra résister... Contemplant l'œuvre accomplie depuis à peine une décennie, il récapitule les ouvrages qu'il a publiés et qui ont tant concouru à lui valoir la célébrité. Il se réjouit à la pensée que le *Livre des Esprits* en est à sa seizième édition et le *Livre des Médiums,* son suivant, au onzième tirage. Satisfait du bilan moral de son entreprise, il va imprudemment négliger sa santé. Il met la dernière main au credo spirite qu'il a conçu et qui atteste la rigoureuse pureté de ses sentiments :

« Croire en un Dieu tout-puissant, souverainement juste et bon, croire en l'âme et en son immortalité, à la pluralité des existences comme moyen de progression intellectuelle et morale, considérer la vie terrestre comme transitoire et ne représentant qu'une des phases de la vie éternelle de l'esprit, oui, le spiritisme est une religion et nous nous glorifions d'avoir contribué à sa création. »

Des yeux embués de larmes

Kardec exposa cette sorte de profession de foi ou de testament religieux (car il commençait à penser à la mort) le jour de la Toussaint de 1868, devant une centaine de personnes, assistance choisie, qui attendaient avec une fébrile impatience cette déclaration du maître. Quand il eut terminé, il fut longuement applaudi et en ressentit une réelle émotion : on le vit essuyer furtivement ses yeux embués de larmes.

Une nouvelle réglementation

Puis, Kardec se lança dans un nouveau projet, considérable celui-là et réalisable sur-le-champ ; il voulait donner au spiritisme des assises fixes en constituant une société comprenant une direction collégiale. Il prépara les statuts de l'association ; les règles en étaient scrupuleusement élaborées. Il n'hésita pas à déclarer que si le Christ avait organisé l'Église chrétienne en la réglementant et en lui assignant des lois précises, les querelles religieuses ne se seraient pas produites et les schismes auraient été évités. Kardec veut prévenir cet écueil. Il forme un comité composé de douze commissaires assistés d'un conseiller pour chacun d'eux. Le maître refuse la présidence de ce collège et se contentera d'une simple fonction de commissaire.

La nouvelle Société voyait grand – ce qui se justifiait amplement. Elle déclara un capital constitué par les cotisations, les dons des membres et, en partie, par les droits d'auteur assez élevés que l'ancien professeur avait retiré de la vente de ses ouvrages, y compris ses premiers travaux pédagogiques qui continuaient à se bien vendre. Le capital était fixé à 40 000 francs ce qui, pour l'époque, asseyait la compagnie sur des bases solides. Un nouveau local fut choisi, plus vaste et répondant mieux aux ambitions de la Société. Il était situé rue de Lille, à deux pas de la rue des Saints-Pères.

Il connaissait la date de sa mort

En dépit des multiples témoignages de sympathie qui lui parviennent de toute la France et des principales villes du monde, Kardec continue à recevoir des menaces et des insultes, pour la plupart toujours adressées sous le couvert de l'anonymat. Il s'en soucie de moins en moins. Il commence à se préoccuper plus sérieusement de sa santé. La trop fréquente répétition des crises cardiaques lui a donné à réfléchir. Un esprit lui avait annoncé, quelques années plus tôt, que sa vie terrestre se terminerait en 1869. Il se souvenait très bien de cette prédiction et semblait y attacher plus de crédit que précédemment.

Mes jours sont comptés

Un soir, Kardec réunit ses amis. Méfiez-vous, leur dit-il, des exercices des mages, des sorciers ou autres thaumaturges qui peuvent amener la confusion avec les expériences des spirites, respectueux de la doctrine des Esprits. Quelques-uns des prétendus enchanteurs sont sincères. Ils n'empêchent pas les non-initiés de jeter involontairement le discrédit sur la religion qui est la nôtre et qu'il faudra défendre avec acharnement. Avec votre appui, je vais m'y appliquer aussi longtemps que je le pourrai. Mais mes jours sont comptés, je le sais. Je sais aussi que vous n'abandonnerez pas la tâche. J'ai la certitude de pouvoir rester en communication avec vous et de vous apporter mon aide chaque fois que cela me sera possible. Nous ne serons donc pas séparés et nous communierons ensemble. Ne vous émouvez pas de ce que je vous dis. Le spiritisme nous aura permis de rester unis. Je vais quitter une existence terrestre pour m'intégrer dans une vie nouvelle qui ne me dispensera plus – si Dieu juge que je l'ai mérité – que de continuels bienfaits. Je déserterai donc un défilé parsemé d'embûches pour gagner une voie ouverte à la béatitude perpétuelle. Réjouissez-vous en avec moi.

Un conseiller émit une timide protestation :

– Pour l'instant, vous êtes toujours vivant, maître.

Kardec répliqua :

– Raison de plus pour que nous prévoyions l'heure où je ne le serai plus.

Et, passant à des considérations plus terre à terre, il ajouta :

– Nous allons commencer par hâter le transfert de notre siège social.

En cours de déménagement

En effet, la rue Sainte-Anne devait être abandonnée au profit de la rue de Lille. Le déménagement serait terminé le 1er avril 1869. Les livres, les fichiers, les revues et toute la documentation représentaient la charge de plusieurs fourgons, à laquelle venait s'ajouter le poids du mobilier.

L'opération se déroulait normalement. Le 31 mars 1869, vers onze heures, Allan Kardec, qui était occupé à classer des papiers, se sentit mal à l'aise. Il éprouvait une sensation d'asphyxie, comme si un étau venait brusquement de lui broyer le cœur pour mieux l'étouffer. Il aspira une bouffée d'air, s'écroula lourdement dans un fauteuil et ne bougea plus. Il était mort...

Amélie ne se trouvait pas à la maison à ce moment. Un des membres de son comité, arrivé un instant après la foudroyante tragédie, aperçut le corps ramassé sur lui-même. Il appela au secours et tenta aussitôt de ranimer le maître par des passes magnétiques. D'autres personnes surgirent. On essaya les frictions, le massage du cœur, on ouvrit grandes les fenêtres. Tous les efforts demeurèrent vains : la mort était passée, l'inéluctable s'était produit comme Kardec l'avait prévu quelques jours auparavant. Sa disparition eut un immense retentissement, pas seulement dans le monde spirite mais aussi dans tout l'univers clairvoyant. Même les plus acharnés de ses adversaires s'inclinèrent devant l'immuable loi et n'accablèrent plus le défunt de leurs sarcasmes habituels.

Suivre la voie qu'il a tracée

Les obsèques eurent lieu le 2 avril à midi. Le char funèbre fut suivi par une foule nombreuse et, comme il seyait, douloureusement silencieuse. Le deuil était conduit par le vice-président de la Société récemment créée et par d'autres commissaires. Aussitôt après eux, venaient les médiums puis le groupe compact de ses amis et de ses admirateurs. Étrange particularité : personne ne vit Amélie Kardec et les comptes rendus de l'époque ne mentionnent pas sa présence. Sans doute le chagrin l'avait-il empêchée de suivre le triste convoi.

Au cimetière Montmartre, M. Levent, vice-président de la Société Spirite, prononça l'éloge funèbre du disparu. Après lui, Camille Flammarion prit la parole pour promettre au nouvel esprit en puissance de faire suivre à tous ses adeptes la voie qu'il avait tracée si patiemment avec tant de dévouement et de persévérance. En faisant l'éloge du maître, l'astronome affirma que les miracles n'existaient plus et que le surnaturel n'était plus qu'un mythe écrasé par la science. Ce jugement était définitif, ajouta Flammarion, et rendu possible grâce à la ténacité et à la volonté d'Allan Kardec..., le bon sens incarné.

Le lendemain, les quotidiens relatèrent en détail le déroulement de la cérémonie et soulignèrent l'influence bienfaisante exercée par Kardec sur tous ceux qui, initialement, n'avaient pas admis le spiritisme. « Durant la plus grande partie de sa vie, il s'est consacré avec bonheur à la philosophie spiritualiste et il est mort en pleine action. Il ne sera jamais oublié », concluait *le Journal* de Paris. D'autre part, la *Revue spirite,* fondée par Kardec, écrivait dans son numéro de mai, paru un mois après la mort du maître : « L'homme n'est plus, mais Allan Kardec sera immortel ».

Une souscription publique avait été ouverte pour lui élever un monument. Une somme importante fut rapidement recueillie et la Société décida de faire transférer le corps de son fondateur au cimetière du Père-Lachaise. On peut encore y trouver cette sépulture à l'entrée de la 44e division. De nombreux adeptes viennent toujours se recueillir quotidiennement sur ce sépulcre. La pierre tombale est constituée par un dolmen. Le dolmen était le tombeau des druides. Ces derniers croyaient à l'immortalité de l'âme et à la réincarnation. Lorsque le professeur Hippolyte Rivail abandonna son patronyme pour adopter un nouveau nom, un esprit lui avait appris qu'il était l'incarnation d'un druide appelé... Allan Kardec.

DEUXIÈME PARTIE

LE GRAND LIVRE D'ALLAN KARDEC

Allan Kardec qui fut incontestablement le plus grand spécialiste du spiritisme au XIXe siècle a étudié absolument tous les aspects de cette nouvelle science. Bien que la conception des phénomènes et des problèmes spirites ait quelque peu évolué depuis, il est extrêmement intéressant de lire les descriptions des phénomènes spirites que nous a laissées Allan Kardec. Le style en est quelquefois un peu désuet mais vous allez voir avec quelle remarquable clarté il nous livre son savoir. L'essentiel des chapitres premier, deuxième et cinquième de cette deuxième partie est tiré de son magistral ouvrage, le Livre des Médiums.

CHAPITRE PREMIER

LES TABLES TOURNANTES

On connaît diverses manifestations physiques du spiritisme : bruits, mouvement et déplacement des corps solides.

Des tables qui tournent

L'effet le plus simple, et l'un des premiers qui aient été observés, consiste dans le mouvement circulaire imprimé à une table. Cet effet se produit également sur tous les autres objets ; mais la table étant celui sur lequel on s'est le plus exercé, parce que c'était le plus commode, le nom de *tables tournantes* a prévalu pour la désignation de cette sorte de phénomène.

Les tables tournantes sont le point de départ pour la doctrine spirite et, à ce titre, nous leur devons quelques développements.

Pour la production du phénomène, l'intervention d'une ou de plusieurs personnes douées d'une aptitude spéciale, et qu'on désigne sous le nom de *médiums,* est nécessaire. Le nombre des participants est indifférent, si ce n'est que, dans la quantité, il peut se trouver quelques médiums inconnus. Quant à ceux dont la médiumnité est nulle, leur présence est sans résultat, et même plus nuisible qu'utile par la disposition d'esprit qu'ils y apportent souvent.

Le rôle du médium

Les médiums jouissent, sous ce rapport, d'une puissance plus ou moins grande, et produisent, par conséquent, des effets plus ou moins prononcés ; souvent une personne, médium puissant, produira à elle seule beaucoup plus que vingt autres réunies ; il lui suffira de poser les mains sur la table pour qu'à l'instant elle se meuve, se dresse, se renverse, fasse des soubresauts ou tourne avec violence.

Il n'y a aucun indice de cette faculté médiumnique ; l'expérience seule peut la faire connaître. Lorsque, dans une réunion, on veut essayer, il faut tout simplement s'asseoir autour d'une table, et poser à plat les mains dessus, sans pression ni tension musculaire.

Une table de cent kilos...

Disons encore que la forme de la table, la substance dont elle est faite, la présence des métaux, de la soie dans les vêtements des assistants, les jours, les heures, l'obscurité ou la lumière, etc., sont aussi indifférents que la pluie ou le beau temps. Le volume seul de la table y est pour quelque chose, mais dans le cas seulement où la puissance médiumnique serait insuffisante pour vaincre la résistance ; dans le cas contraire une seule personne, un enfant même, peut faire soulever une table de cent kilos, alors que, dans des conditions moins favorables, douze personnes ne feraient pas mouvoir le plus petit guéridon.

Les choses étant en cet état, lorsque l'effet commence à se manifester, on entend assez généralement un petit craquement dans la table ; on sent comme un frémissement qui est le prélude du mouvement ; elle semble faire des efforts pour démarrer, puis le mouvement de rotation se prononce ; il s'accélère au point d'acquérir une rapidité telle que les assistants ont toutes les peines du monde à le suivre. Une fois le mouvement établi, on peut même s'écarter de la table qui continue à se mouvoir en divers sens, sans contact.

Comme le tangage

Dans d'autres circonstances, la table se soulève et se dresse tantôt sur un seul pied, tantôt sur un autre, puis reprend doucement sa position naturelle. D'autres fois, elle se balance en imitant le mouvement de tangage ou de roulis. D'autres fois, enfin, mais pour cela il faut une puissance médiumnique considérable, elle se détache entièrement du sol, et se maintient en équilibre dans l'espace, sans point d'appui, se soulevant même parfois jusqu'au plafond, de façon à ce qu'on puisse passer par-dessous ; puis elle redescend lentement en se balançant comme le ferait une feuille de papier, ou bien tombe violemment et se brise, ce qui prouve d'une manière patente qu'on n'est pas le jouet d'une illusion d'optique.

Un autre phénomène qui se produit très souvent, selon la nature du médium, c'est celui des coups frappés dans le bois lui-même sans aucun mouvement de la table ; ces coups, quelquefois très faibles, d'autres fois assez forts, se font également entendre dans les autres meubles de l'appartement, contre les portes, les murailles et le plafond. Nous y reviendrons dans un instant. Quand ils ont lieu dans la table, ils y produisent une vibration très appréciable par les doigts, et surtout très distincte quand on y applique l'oreille.

Dans ce que nous venons de voir, rien assurément ne révèle l'intervention d'une puissance occulte, et ces effets pourraient parfaitement s'expliquer par l'action d'un courant magnétique ou électrique, ou celle d'un fluide quelconque. Telle a été, en effet, la première solution donnée à ces phénomènes, et qui pouvait avec raison passer pour très logique. Mais Allan Kardec repousse cette explication, car, pour lui, ces faits sont dirigés par une intelligence.

Obéissent-elles à une intelligence ?

Quand on voit une girouette agitée par le vent, on est bien certain qu'elle n'obéit qu'à une impulsion mécanique, mais si l'on reconnaissait dans les mouvements de la girouette des signaux intentionnels, si elle tournait à droite ou à gauche, vite ou avec lenteur au commandement, on serait bien forcé d'admettre, non pas que la girouette est intelligente, mais qu'elle obéit à une intelligence. C'est ce qui est arrivé pour la table.

Le premier effet intelligent qui fut remarqué, ce fut de voir ces mouvements obéir au commandement ; ainsi, sans changer de place, la table se soulevait alternativement sur le pied désigné ; puis, en retombant, frappait un nombre déterminé de coups, répondant à une question. D'autres fois la table, sans le contact de personne, se promenait toute seule dans la chambre, allant à droite ou à gauche, en avant ou en arrière, exécutant divers mouvements sur l'ordre des assistants. Il est bien évident que nous écartons toute supposition de fraude ; que nous admettons la parfaite loyauté des assistants, attestée par leur honorabilité et leur parfait désintéressement. Nous parlerons plus tard des supercheries contre lesquelles il est prudent de se tenir en garde.

Les exemples de manifestations intelligentes sont si nombreux, qu'il est presque impossible que quiconque s'est un peu occupé de communications spirites n'en ait pas été maintes fois témoin. Nous n'en citerons qu'un seul qui nous a été rapporté par un témoin oculaire.

Manifestation spirite à bord

Sur un navire de la marine impériale française, en station dans les mers de la Chine, tout l'équipage, depuis les matelots jusqu'à l'état-major, s'occupait de faire parler les tables. On eut l'idée d'évoquer l'Esprit d'un lieutenant de ce même vaisseau, mort depuis deux ans. Il vint, et, après diverses communications qui frappèrent tout le monde d'étonnement, il dit ce qui suit, par coups frappés : « Je vous prie instamment de faire payer au capitaine la somme de... (il indiquait le chiffre), que je lui dois, et que je regrette de n'avoir pu lui rembourser avant ma mort. » Personne ne connaissait le fait ; le capitaine lui-même avait oublié cette créance assez minime du reste ; mais en cherchant dans ses comptes, il y trouva la mention de la dette du lieutenant, et dont le chiffre indiqué était parfaitement exact. Nous demandons de la pensée de qui cette indication pouvait être le reflet.

Les coups frappés

Les premières manifestations intelligentes ont été obtenues par les coups frappés. Ce moyen primitif, qui se ressentait de l'enfance de l'art, n'offrait que des ressources très bornées, et l'on en était réduit, dans les communications, aux réponses monosyllabiques par oui ou par non, à l'aide d'un nombre convenu de coups. On le perfectionna plus tard ainsi que nous l'avons dit. Étant convenu, par exemple, d'un coup pour *oui,* et de deux coups pour *non,* ceci est indifférent, on adresse à l'Esprit les questions que l'on désire ; nous verrons plus tard celles dont il convient de s'abstenir. L'inconvénient est dans la brièveté des réponses et dans la difficulté de formuler la question de manière à amener un oui ou un non. Supposons qu'on demande à l'Esprit : que désires-tu ? il ne pourrait répondre que par une phrase ; il faut alors dire : désires-tu telle chose ? Non ; – telle autre ? Oui ; et ainsi de suite.

Mais dans certains cas l'esprit manifeste sa présence spontanément. En voici un exemple :

Un guéridon le suivait...

Un homme étant un jour dans son salon, où plusieurs personnes s'occupaient de manifestations, reçut à ce moment une lettre de nous. Pendant qu'il la lisait, le guéridon qui servait aux expériences vient tout à coup vers lui. La lecture de la lettre achevée, il va la poser sur une table à l'autre extrémité du salon ; le guéridon le suit et se dirige vers la table où était la lettre. Surpris de cette coïncidence, il pense qu'il y a quelque rapport entre ce mouvement et la lettre ; il interroge l'Esprit qui répond être notre Esprit familier. Ce monsieur nous ayant informé de la circonstance, nous priâmes à notre tour cet Esprit de nous dire le motif de la visite qu'il lui avait faite ; il répondit : « Il est naturel que j'aille voir les personnes avec lesquelles tu es en relation, afin de pouvoir, au besoin, te donner ainsi qu'à elles les avis nécessaires. »

Il est donc évident que l'Esprit avait voulu appeler l'attention de ce monsieur, et cherchait une occasion de lui faire savoir qu'il était là. Un muet ne s'y serait pas mieux pris.

La typtologie (ou langage des coups) ne tarda pas à se perfectionner, et s'enrichit d'un moyen de communication plus complet. Il consiste à faire désigner les lettres de l'alphabet au moyen des coups frappés ; on put alors obtenir des mots, des phrases et même des discours entiers. Suivant une méthode, la table frappe autant de coups qu'il en faut pour indiquer chaque lettre, c'est-à-dire un coup pour *a,* deux pour *b,* et ainsi de suite ; pendant ce temps, une personne écrit les lettres à mesure qu'elles sont désignées. Quand l'Esprit a fini, il le fait savoir par un signe quelconque de convention.

Nous reviendrons en détail sur l'organisation d'une séance de spiritisme dans le chapitre premier de la troisième partie.

CHAPITRE DEUXIÈME

LES APPARITIONS

Les manifestations apparentes les plus ordinaires ont lieu dans le sommeil, par les rêves : ce sont les visions. Ils peuvent être : une vision actuelle des choses présentes ou absentes ; une vision rétrospective du passé, et, dans quelques cas exceptionnels, un pressentiment de l'avenir.

Les apparitions, proprement dites, ont lieu à l'état de veille, et alors qu'on jouit de la plénitude de ses sens.

Pouvant prendre toutes les apparences, l'Esprit se présente sous celle qui peut le mieux le faire reconnaître, si tel est son désir.

L'apparence traditionnelle

Ésope, par exemple, comme Esprit, n'est pas difforme ; mais si on l'évoque en tant qu'Ésope aurait-il eu plusieurs existences depuis, il apparaîtra laid et bossu, avec le costume traditionnel. Une chose remarquable, c'est qu'à moins de circonstances particulières, les parties les moins dessinées sont les membres inférieurs, tandis que la tête, le tronc, les bras et les mains, sont toujours nettement accusés : aussi ne les voit-on presque jamais marcher, mais glisser comme des ombres. Quant au costume, il se compose le plus ordinairement d'une draperie se terminant en longs plis flottants.

Souvent, ils ont des attributs caractéristiques de leur élévation, comme une auréole, ou des ailes pour ceux que l'on peut considérer comme des anges, tandis que d'autres ont ceux qui rappellent leurs occupations terrestres : ainsi un guerrier portera des armes.

En contact avec un monde invisible

Nous avons dit que l'apparition a quelque chose de vaporeux ; dans certains cas on pourrait la comparer à l'image reflétée dans une glace sans tain, qui, malgré sa netteté, n'empêche pas de voir au travers les objets qui sont par derrière. C'est assez généralement ainsi que les distinguent les médiums voyants ; ils les voient aller, venir, entrer dans un appartement ou en sortir, circuler parmi la foule des vivants, en ayant l'air de prendre une part active à tout ce qui se fait autour d'eux, de s'y intéresser, d'écouter ce qui se dit. Souvent, on les voit s'approcher d'une personne, lui souffler des idées, l'influencer, la consoler, la railler, se montrer tristes ou contents des résultats qu'ils obtiennent, c'est en un mot la doublure du monde corporel. Tel est ce monde occulte qui nous entoure, au milieu duquel nous vivons sans nous en douter, comme nous vivons, sans nous en douter davantage, au milieu des myriades du monde microscopique. Le microscope nous a révélé le monde des infiniment petits que nous ne soupçonnions pas ; le spiritisme, aidé des médiums voyants, nous a révélé le monde des Esprits qui, lui aussi, est une des forces actives de la nature. A l'aide des médiums voyants, nous avons pu étudier le monde invisible, nous initier à ses habitudes, comme un peuple d'aveugles pourrait étudier le monde visible à l'aide de quelques hommes qui jouiraient de la vue.

L'Esprit qui veut ou peut apparaître revêt quelquefois une forme plus nette encore, ayant toutes les apparences d'un corps solide, au point de produire une illusion complète et de faire croire que l'on a devant soi un être corporel. Dans quelques cas enfin, et sous l'empire de certaines circonstances, la tangibilité peut devenir réelle, c'est-à-dire qu'on peut toucher, palper, sentir la même résistance, la même chaleur que de la part d'un corps vivant, ce qui ne l'empêche pas de s'évanouir avec la rapidité de l'éclair. Ce n'est plus alors par les yeux qu'on en constate la présence, mais par le toucher. Si l'on pouvait attribuer à l'illusion ou à une sorte de fascination l'apparition simplement visuelle, le doute n'est pas permis quand on peut la saisir, la palper, quand elle-même vous saisit et vous étreint. les faits d'apparitions tangibles sont les plus rares ; mais ceux qui se sont passés dans ces derniers temps par l'influence de quelques médiums puissants et qui ont toute l'authenticité de témoignages irrécusables, prouvent et expliquent ceux que l'histoire rapporte au sujet de personnes qui se sont montrées depuis leur mort avec toutes les apparences de la réalité.

Aucune matière ne lui fait obstacle

Une autre propriété de l'apparition, et qui tient à sa nature éthérée, c'est la pénétrabilité. Aucune matière ne lui fait obstacle : elle les traverse toutes, comme la lumière traverse les corps transparents. C'est pourquoi il n'est pas de clôtures qui puissent s'opposer à l'entrée des Esprits ; ils vont visiter le prisonnier dans son cachot aussi facilement que l'homme qui est au milieu des champs.

Les apparitions à l'état de veille ne sont ni rares ni nouvelles ; il y en a eu de tout temps ; l'histoire en rapporte un grand nombre ; mais sans remonter si haut, de nos jours elles sont très fréquentes, et beaucoup de personnes en ont eu qu'elles ont prises, au premier abord, pour ce qu'on est convenu s'appeler des hallucinations. Elles sont fréquentes surtout dans les cas de mort de personnes absentes qui viennent visiter leurs parents ou amis. Souvent, elles n'ont pas de but bien déterminé, mais on peut dire qu'en général les esprits qui apparaissent ainsi sont attirés par la sympathie. Que chacun veuille bien interroger ses souvenirs, et l'on verra qu'il est peu de personnes qui n'aient connaissance de quelques faits de ce genre dont l'authenticité ne saurait être mise en doute.

Dédoublements et phénomènes d'ubiquité

Ces deux phénomènes sont des variétés de celui des manifestations visuelles, et quelque merveilleux qu'ils puissent paraître au premier abord, on reconnaîtra facilement, par l'explication qui peut en être donnée, qu'ils ne sortent pas de l'ordre des phénomènes naturels.

Des faits bien positifs ne peuvent laisser aucun doute à cet égard ; nous n'en citerons que quelques exemples qui sont à notre connaissance personnelle, et dont nous pouvons garantir l'exactitude, chacun étant à même d'en recueillir d'analogues en consultant ses souvenirs.

Toutes les portes fermées

La femme d'un de nos amis vit à plusieurs reprises, pendant la nuit, entrer dans sa chambre, qu'elle eût ou non de la lumière, une marchande de fruits des environs qu'elle connaissait de vue, mais à laquelle elle n'avait jamais parlé. Cette apparition lui causa une frayeur d'autant plus grande qu'à cette époque cette dame n'avait aucune connaissance du spiritisme, et que ce phénomène se renouvela très souvent. Or, la marchande était parfaitement vivante, et dormait probablement à cette heure ; pendant que son corps matériel était chez elle, son Esprit était chez cette dame ; pour quel motif ? c'est ce qu'on ne sait pas. En pareil cas, un spirite, initié à ces sortes de choses, le lui eût demandé, mais elle n'en eut pas l'idée. Chaque fois l'apparition s'éclipsa sans qu'elle sût comment, et chaque fois aussi, après sa disparition, elle alla s'assurer que toutes les portes étaient parfaitement fermées, et que personne n'avait pu s'introduire dans son appartement. Cette précaution lui prouva qu'elle était bien éveillée et qu'elle n'était pas le jouet d'un rêve. D'autres fois, elle vit de la même manière un homme qu'elle ne connaissait pas, mais un jour elle vit son frère qui était alors en Californie ; il avait tellement l'apparence d'une personne réelle, qu'au premier moment elle crut à son retour et voulut lui adresser la parole, mais il disparut sans lui en laisser le temps. Une lettre reçue postérieurement lui prouva qu'il n'était pas mort. Cette dame était ce qu'on peut appeler un médium, voyant naturel, mais à cette époque, comme nous l'avons dit, elle n'avait jamais entendu parler de médiums.

Assis au pied de son lit

Une autre dame qui habite en province, étant assez gravement malade, vit un soir, vers les dix heures, un monsieur âgé habitant la même ville et qu'elle voyait quelquefois dans la société, mais sans aucun rapport d'intimité. Ce monsieur était assis dans un fauteuil au pied de son lit, et de temps en temps prenait une pincée de tabac ; il avait l'air de la veiller. Surprise d'une telle visite à pareille heure, elle veut lui en demander le motif mais le monsieur lui fait signe de ne pas parler et de dormir ; à plusieurs reprises elle veut lui adresser la parole, et chaque fois il fait la même recommandation. Elle finit par s'endormir. A quelques jours de là, étant rétablie, elle reçut la visite de ce même monsieur, mais à une heure plus convenable, et cette fois c'était bien lui ; il avait le même costume, la même tabatière et exactement les mêmes manières. Persuadée qu'il était venu pendant sa maladie, elle le remercia de la peine qu'il avait prise. Le monsieur, fort surpris, lui dit qu'il n'avait pas eu l'avantage de la voir depuis assez longtemps. La dame, qui connaissait les phénomènes spirites, comprit ce qu'il en était, mais ne voulut pas s'en expliquer avec lui, elle se contenta de lui dire que probablement elle avait rêvé.

C'est ce qui est probable, diront les incrédules, les esprits forts, ce qui pour eux, est synonyme de gens d'esprit ; mais il est constant que cette dame ne dormait pas du tout, pas plus que la précédente. – C'est qu'alors elle rêvait tout éveillée ; autrement dit elle avait une hallucination. – Voilà le grand mot, l'explication universelle de tout ce qu'on ne comprend pas. Comme nous avons déjà suffisamment réfuté cette objection, nous poursuivrons en nous adressant à ceux qui peuvent nous comprendre.

Voici cependant un autre fait plus caractéristique, et nous serions curieux de voir comment on pourrait l'expliquer par le seul jeu de l'imagination.

Un an avant, il vit sa fiancée

Un monsieur habitant la province n'avait jamais voulu se marier, malgré les instances de sa famille. On avait notamment insisté en faveur d'une personne habitant une ville voisine, et qu'il n'avait jamais vue. Un jour, étant dans sa chambre, il fut tout étonné de se voir en présence d'une jeune fille, vêtue de blanc, et la tête ornée d'une couronne de fleurs. Elle lui dit qu'elle était sa fiancée, lui tendit la main qu'il prit dans la sienne, et à laquelle il vit un anneau. Au bout de quelques instants tout disparut. Surpris de cette apparition, et s'étant assuré qu'il était bien éveillé, il s'informe si quelqu'un est venu dans la journée ; mais on lui dit qu'on n'avait vu personne. Un an après, cédant à de nouvelles sollicitations d'une parente, il se décida à aller voir celle qu'on lui proposait. Il arriva le jour de la Fête-Dieu ; on revenait de la procession, et une des premières personnes qui s'offrit à sa vue en entrant dans la maison, fut une jeune fille qu'il reconnut pour celle qui lui était apparue ; elle était vêtue de même façon, car le jour de l'apparition était celui de la Fête-Dieu. Il resta interdit, et de son côté, la jeune fille poussa un cri de surprise et se trouva mal. Revenue à elle, elle dit qu'elle avait déjà vu ce monsieur à pareil jour, l'année précédente. Le mariage fut conclu. C'était vers 1835 ; à cette époque il n'était pas question de spiritisme et d'ailleurs l'un et l'autre étaient des gens d'un positivisme extrême et de l'imagination la moins exaltée qui fût au monde.

On dira peut-être que l'un et l'autre avaient l'esprit

frappé de l'idée de l'union proposée et que cette préoccupation détermina une hallucination ; mais il ne faut pas oublier que le mari y était si indifférent qu'il fut un an sans aller voir sa prétendue. En admettant même cette hypothèse, il resterait à expliquer la double apparition, la coïncidence du costume avec le jour de la Fête-Dieu, et enfin la reconnaissance physique entre personnes qui ne s'étaient jamais vues, circonstances qui ne peuvent être le produit de l'imagination.

Revenons à notre sujet. L'Esprit d'une personne vivante, isolé du corps, peut apparaître comme celui d'une personne morte, et avoir toutes les apparences de la réalité ; de plus, par les mêmes causes que nous avons expliquées, il peut acquérir une tangibilité momentanée. C'est ce phénomène, désigné sous le nom de *bi-corporéité* ou *ubiquité* qui a donné lieu aux histoires des hommes doubles, c'est-à-dire d'individus dont la présence simultanée a été constatée en deux endroits différents. En voici deux exemples tirés, non des légendes populaires, mais de l'histoire ecclésiastique.

Saint Alphonse de Liguori fut canonisé avant le temps voulu pour s'être montré simultanément en deux endroits différents, ce qui passa pour un miracle.

Ubiquité de Saint Antoine

Saint Antoine de Padoue était en Espagne, et au temps où il prêchait, son père, qui était à Padoue, allait au supplice accusé d'un meurtre. A ce moment, saint Antoine paraît, démontre l'innocence de son père et fait connaître le véritable criminel qui, plus tard, subit le châtiment. Il fut constaté qu'à ce moment-là saint Antoine n'avait pas quitté l'Espagne.

Tacite rapporte un fait analogue :

Pendant les mois que Vespasien passa dans Alexandrie pour attendre le retour périodique des vents d'été et la saison où la mer devient sûre, plusieurs prodiges arrivèrent, par où se manifesta la faveur du ciel et l'intérêt que les dieux semblaient prendre à ce prince...

Ces prodiges redoublèrent chez Vespasien le désir de visiter le séjour sacré du dieu, pour le consulter au sujet de l'empire. Il ordonne que le temple soit fermé à tout le monde ; entré lui-même et tout entier à ce qu'allait prononcer l'oracle, il aperçoit derrière lui un des principaux Egyptiens, nommé Basilide, qu'il savait être retenu malade à plusieurs journées d'Alexandrie. Il s'informe auprès des prêtres si Basilide est venu ce jour-là dans le temple ; il demande aux passants si on l'a vu dans la ville, enfin, il envoie des hommes à cheval, et il s'assure que dans ce moment-là même il était à quatre-vingts milles de distance. Alors, il ne douta plus que la vision ne fût surnaturelle, et le nom de Basilide lui tint lieu d'oracle (TACITE. *Histoires,* liv. IV, chap. LXXXII.)

Un seul corps est réel

L'individu qui se montre simultanément en deux endroits différents a donc deux corps ; mais de ces deux corps un seul est réel, l'autre n'est qu'une apparence ; on peut dire que le premier a la vie organique et que le second a la vie de l'âme ; au réveil les deux corps se réunissent, et la vie de l'âme rentre dans le corps matériel. Il ne paraît pas possible, du moins nous n'en n'avons pas d'exemple, et la raison semble le démontrer, que dans l'état de séparation, les deux corps puissent jouir simultanément et au même degré de la vie active et intelligente. Il ressort, en outre, de ce que nous venons de dire que le corps réel ne pourrait pas mourir tandis que le corps apparent resterait visible : l'approche de la mort rappelant toujours l'Esprit dans le corps, ne fût-ce que pour un instant. Il en résulte également que le corps apparent ne pourrait être tué, parce qu'il n'est pas organique et qu'il n'est pas formé de chair et d'os ; il disparaît au moment où l'on voudrait lui donner la mort.

Nous passons au second phénomène, celui de la *transfiguration*. Il consiste dans le changement d'aspect d'un corps vivant. Voici à cet égard un fait dont nous pouvons garantir la parfaite authenticité, et qui s'est passé dans les années 1858 et 1859 aux environs de Saint-Etienne. Une jeune fille d'une quinzaine d'années jouissait de la singulière faculté de se transfigurer, c'est-à-dire de prendre à des moments donnés toutes les apparences de certaines personnes mortes : l'illusion était si complète, qu'on croyait avoir la personne devant soi, tant étaient semblables les traits du visage, le regard, le son de la voix et jusqu'au jargon. Ce phénomène s'est renouvelé des centaines de fois sans que la volonté de la jeune fille y fût pour rien. Elle prit plusieurs fois l'apparence de son frère, mort quelques années auparavant ; elle en avait non seulement la figure, mais la taille et le volume du corps. Un médecin du pays, maintes fois témoin de ces effets bizarres, et voulant s'assurer qu'il n'était pas le jouet d'une illusion, fit l'expérience suivante. Nous tenons les faits de lui-même, du père de la jeune fille et de plusieurs autres témoins oculaires très honorables et très dignes de foi. Il eut l'idée de peser la jeune fille dans son état normal, puis dans celui de transfiguration, alors qu'elle avait l'apparence de son frère âgé de vingt et quelques années, et qui était beaucoup plus grand et plus fort. Eh bien ! il s'est trouvé que dans ce dernier état le poids était presque le double. L'expérience était concluante, et il était impossible d'attribuer cette apparence à une simple illusion d'optique. Essayons d'expliquer ce fait, que dans un temps on eût appelé miracle, et que nous appelons tout simplement phénomène.

La transfiguration, dans certains cas, peut avoir pour cause une simple contraction musculaire qui peut donner à la physionomie une tout autre expression, au point de rendre la personne presque méconnaissable. Nous l'avons souvent observée chez certaines somnambules, mais dans ce cas la transformation n'est pas radicale ; une femme pourra paraître jeune ou vieille, belle ou laide, mais ce sera toujours une femme, et son poids surtout n'augmentera ni ne diminuera.

La théorie du phénomène de l'invisibilité ressort tout naturellement des explications précédentes.

Il nous resterait à parler du singulier phénomène des *agénères* qui, tout extraordinaire qu'il puisse paraître au premier abord, n'est pas plus surnaturel que les autres. C'est une variété de l'apparition tangible ; c'est l'état de certains Esprits qui peuvent revêtir momentanément les formes d'une personne vivante, au point de faire complètement illusion (Du Grec *a* privatif, et *géine, géinomaï* engendrer ; qui n'a pas été engendré). Mais ces personnes apparaissent ou disparaissent sans laisser aucune trace.

CHAPITRE TROISIÈME

LES MAISONS HANTÉES

Les « maisons hantées » ! Ces seuls mots jetés au hasard dans une conversation, ont le don de susciter l'ironie ou l'inquiétude. Les témoignages abondent pourtant et ils sont très variés. On y retrouve d'un cas à l'autre des traits communs qui ne font qu'alourdir l'inquiétant mystère.

Ce premier exemple semble avoir pour origine la présence d'une jeune femme à la santé fragile.

Des coups dans le plancher

Au printemps de l'année 1904, les habitants d'une villa située dans la Suède méridionale observèrent des bruits qui semblaient produits par des coups vigoureux frappés à l'intérieur du plancher et des murs, et impossibles à expliquer par aucune cause connue.

Ces habitants étaient l'inspecteur des forêts N.... et sa femme, leur bonne, et un fonctionnaire allemand. On ne tarda pas à s'apercevoir que le phénomène était lié à la personne de Karin, l'épouse de l'inspecteur N...

Voici son portrait :

Karin a vingt-sept ans ; elle est de complexion délicate ; il y a quelque chose d'enfantin dans sa physionomie et toute sa manière d'être. Son humeur gaie et légère a quelque peu fléchi à la suite de mécomptes et de chagrins.

Tout son être semble sain, et l'on a l'impression que les accidents nerveux, dont elle a été la victime en ces dernières années, ne sont point la conséquence d'un état pathologique originel.

Le 18 avril, Karin et son mari s'installèrent dans une villa qu'ils louaient pour la première fois, près d'une usine.

Une mauvaise renommée

La maison paraît abandonnée ; un mauvais renom a longtemps pesé sur elle : lorsqu'elle était inhabitée et fermée, on aurait vu des lumières briller aux fenêtres, et l'on aurait entendu à travers ses murs des bruits inquiétants ; la tradition établit un rapport entre ces récits et certains crimes réels ou supposés qui y auraient été commis.

Le 9 mai, le directeur de l'usine reçut la visite de quelques personnes qu'il retint jusqu'au lendemain. Le soir, ces étrangers se réunirent dans le cabinet de travail de la villa, situé en face de la chambre de Karin et communiquant avec l'antichambre.

Personne derrière la porte

M. N... était absent, en voyage professionnel. Karin, qui s'était couchée de bonne heure, fut longtemps tenue éveillée par la conversation bruyante des hôtes de la villa. Vers minuit, elle les entendit enfin se séparer. Deux d'entre eux qui devaient coucher chez le directeur partirent en quête de leur logement ; le troisième, logé dans la villa, ferma la porte à clef derrière lui et se retira dans sa chambre. Le silence s'établit, et Karin était sur le point de s'endormir lorsqu'elle entendit des pas lourds monter les marches de la véranda ; aussitôt après, trois coups vigoureux retentirent. Remise de sa première émotion, elle s'habilla et alla ouvrir ; elle se vit en face de l'un des deux hommes qui, partis un instant auparavant, n'avaient pu retrouver leur chemin dans l'obscurité, et désiraient une lanterne. Karin lui remit une lanterne et se recoucha ; elle allait s'endormir lorsque trois nouveaux coups tout pareils à ceux qui l'avaient récemment effrayée la firent tressaillir ; elle se leva, alla ouvrir la porte, et n'y trouva personne. Recouchée, elle entendit les mêmes trois coups retentir de façon répétée pendant environ une heure ; puis tout fut calme jusqu'à 3 heures du matin ; les trois coups retentirent alors une fois encore, la dernière de cette nuit.

Une sensation de présence

La nuit suivante, à peine était-elle au lit et avait-elle éteint la lumière, que les trois coups recommençaient et se répétaient avec des intervalles de silence pendant environ deux heures ; ils furent entendus aussi distinctement par la bonne qui, cette nuit-là, couchait dans la salle à manger voisine ; la bonne fut extrêmement effrayée de cet inexplicable vacarme.

M. N... et sa femme changèrent de chambre, allèrent même s'installer au grenier ; le bruit les suivit partout, et l'on ne tarda pas à s'apercevoir qu'il était lié à la présence de cette dame.

Sauf un jour où celle-ci s'absenta pour aller à la ville, le phénomène se reproduisit régulièrement tous les soirs jusqu'au 30 mai.

Pendant son séjour à la villa, Karin a fréquemment eu la sensation indéterminée qu'un être nuisible était présent dans la chambre. Cette sensation était particulièrement forte immédiatement avant ou pendant les manifestations.

La parfaite bonne foi de Karin s'est manifestée dans ses efforts pour arriver à éclairer la cause des coups mystérieux. Son bon sens naturel repoussa dès le début la pensée qu'ils pouvaient être l'œuvre d'un « esprit » quelconque ; elle considérait qu'elle était elle-même, par un incompréhensible procédé, la cause du phénomène. De son côté, M. N... était aussi intéressé à la solution de l'énigme ; les récits relatifs au phénomène avaient fait renaître d'anciens racontars sur la villa hantée, et le propriétaire commençait à faire comprendre à ses locataires qu'il les croyait coupables d'avoir organisé une mystification en vue de confirmer la mauvaise réputation de sa maison. Karin et son mari avaient un égal intérêt à faire la lumière sur ces divers incidents, et, au cours de l'été, plusieurs de leurs amis qui vinrent les voir eurent toute liberté de faire toutes les recherches possibles. Jamais aucune supercherie ne fut découverte et tout le monde, y compris Karin, arriva à la conclusion que la présence de cette jeune femme était directement liée à l'apparition des phénomènes qui restaient inexplicables. Ceux-ci cessèrent lorsque les époux N... quittèrent la maison, mais ils ne se reproduisirent pas dans leurs habitations ultérieures.

La ferme de Mouilleron

La présence d'adolescents dans les maisons hantées est très fréquente.

Voici l'exemple de la ferme de Mouilleron-en-Pareds (Vendée).

Pendant tout le mois de juillet et la première moitié d'août 1896, les époux Perrin qui exploitent une petite ferme à l'aide de deux domestiques, Marie Thibaut, âgée de seize ans, et Henri Dumont âgé de dix-huit ans, remarquèrent dans leur maison des bouleversements accompagnés de bruits. Les cadres accrochés aux murs tombaient seuls sans se briser et sans que l'on y touchât ; des objets renfermés dans un meuble étaient retrouvés dans un autre, etc. Ces faits étant relativement isolés, les époux Perrin n'y accordèrent d'abord aucune importance.

Le linge sorti des armoires

Vers la fin du mois d'août, ils prirent un caractère inquiétant de fréquence et d'acuité ; les meubles furent bouleversés, le linge sorti des armoires et jeté sur le sol, le bétail détaché, les barriques de vin ouvertes, etc.

Tout d'un coup, ces faits cessèrent ; cette accalmie coïncida avec le départ de la jeune servante Marie Thibaut, qui alla passer quelques jours dans sa famille à Pouzac, commune d'Antigny (Vendée) ; *mais alors ils se produisirent chez la veuve Paillat, habitant le même hameau que les parents de la jeune fille* (1).

Voici ce que cette femme a raconté à ce sujet : Le 12 août 1896, elle était partie dans les champs, *laissant selon sa coutume les clefs sur ses portes fermées.* En rentrant, elle trouva les portes ouvertes, ses effets et ses meubles à terre. La femme Paillat croit pouvoir affirmer qu'à ce moment Marie Thibaut n'est pas venue chez elle, bien qu'elle fût dans le bourg. De plus elle dit que cette fille est incapable de faire du mal à qui que ce soit.

1. *Notons au passage que si Marie Thibaut avait été une fraudeuse, elle eût pris soin de ne pas laisser s'établir un tel parallélisme entre sa présence et la production de phénomènes truqués.*

On la surveilla de près

Dès que la servante fut revenue chez ses maîtres, les désordres recommencèrent. Mais cette fois si inexplicables et prenant un caractère si dangereux que les époux Perrin, gens âgés, s'affolèrent et que la gendarmerie fut convoquée. Les soupçons de tous s'étaient déjà portés sur Marie Thibaut que l'on accusait d'être une mystificatrice ; *tous ses gestes furent donc étroitement surveillés ; mais personne ne put la prendre sur le fait.*

Comme pour surexciter davantage l'opinion, le feu prit trois fois en deux jours à un palier situé près de la maison des époux Perrin et leur appartenant.

On redoubla de surveillance en vain. Les prodiges continuèrent et on ne put en découvrir l'auteur.

Henri Dumont raconte qu'une nuit il a été réveillé par un drap tout plié tombé de haut sur ses pieds ; il le retira, mais il en tomba d'autres. Tout le personnel de la ferme, y compris la servante, couchait dans la même chambre. Le lendemain, en plein jour, Henri Dumont vit sortir des draps de la grande armoire, *par le haut, comme projetés par une force invisible* et *ceci sans que les planches fermant hermétiquement le dessus de l'armoire eussent été dérangées.* Comme les autres, Dumont soupçonnait Marie d'être l'auteur de ces faits, et il la surveillait en conséquence. C'est ainsi qu'il l'accompagnait quand elle allait traire les vaches.

A plusieurs reprises il vit les bêtes se détacher seules, sans que la jeune fille, tout occupée à son travail, pût même toucher à leur lien.

Bien que la conduite de Marie Thibaut ait toujours été irréprochable, les Perrin durent s'en séparer et dès lors les phénomènes mystérieux cessèrent à la ferme de Mouilleron.

Chez un charpentier anglais

Les faits suivants se sont passés dans le village de Hull, en Angleterre, dans un atelier de charpentier, où Mr. Bristow travaillait comme apprenti. Voici ce qu'il écrit :

« Le matin où se produisirent les phénomènes, je travaillais au banc près du mur, d'où je pouvais observer tous les mouvements de mes deux compagnons et surveiller la porte d'entrée. Tout à coup, l'un d'eux se tourna brusquement en s'écriant :

– Amis, vous feriez mieux de garder pour vous les morceaux de bois et de travailler.

Nous demandâmes des explications, et il répondit :

– Vous savez très bien ce que je veux dire : l'un de vous m'a lancé ce morceau de bois » ; et ce disant, il montrait un petit morceau d'environ quatre centimètres carrés. Nous protestâmes tous deux que nous ne l'avions pas lancé ; et quant à moi, j'étais certain que mon autre compagnon n'avait jamais cessé de travailler. L'incident allait être oublié, quand quelques minutes plus tard l'autre camarade se retourna brusquement comme le premier, s'écriant à mon adresse :

– C'est toi, maintenant, qui m'a lancé ce morceau, montrant à ses pieds un morceau de bois en pointe de la grosseur d'une boîte d'allumettes. Ils étaient maintenant deux à m'accuser, et mes dénégations ne servaient à rien ; de sorte qu'en riant, j'ajoutai :

– Comme ce n'est pas moi, je suppose que si quelqu'un vous a visés, c'est maintenant mon tour. » Je n'avais pas achevé la phrase qu'un autre morceau vint me frapper à la hanche. Je m'écriai :

– On m'a touché ; il y a un mystère à résoudre ; voyons un peu ce qui se passe !

Nous fouillâmes tous les coins à l'intérieur et à l'extérieur, sans pouvoir rien découvrir. Ce cas étrange et embarrassant nous fit beaucoup causer ; mais à la fin nous nous remîmes à l'ouvrage.

Ils paraissaient intelligents

De temps en temps, un morceau de bois taillé un instant auparavant et tombé sur le sol sautait brusquement sur les établis, et se mettait à danser au milieu des instruments ; et ceci est remarquable, que malgré nos innombrables tentatives, nous ne parvînmes jamais à mettre la main sur un morceau en mouvement, car ils éludaient adroitement tous nos stratagèmes. Ils paraissaient animés et intelligents.

Cet état de choses se continua avec plus ou moins d'intensité pendant six semaines, et toujours en plein jour. Quelquefois, on jouissait d'une tranquillité relative pendant un jour ou deux, durant lesquels se produisaient une ou deux manifestations, mais alors suivaient des jours d'activité extraordinaire, comme si on avait voulu rattraper le temps perdu. Dans une de ces périodes, tandis qu'un ouvrier réparait une persienne sur le banc voisin du mien, je vis s'élever un morceau de bois de quinze centimètres carrés et trois d'épaisseur, qui décrivit les trois quarts d'un grand cercle en l'air, et alla frapper avec force la persienne au point où travaillait mon camarade.

Personne ne vit jamais un projectile au moment où il partait : on eût dit qu'on ne pouvait les apercevoir s'ils n'avaient parcouru d'abord au moins 15 centimètres du point initial. Ce qui porte à considérer un autre des aspects du mystère, c'est que les projectiles ne se mouvaient que lorsque personne ne les regardait, et lorsqu'on s'y attendait le moins.

La volonté d'un mort

... De nombreux visiteurs furent profondément impressionnés par les manifestations, mais le plus frappé de tous fut le propriétaire du magasin, Mr. John Gray, pour une raison particulière. Il avait perdu un frère, quelque temps auparavant ; ce frère était mort dans une certaine gêne financière ; il avait laissé un fils, nommé John Gray comme son oncle, qui fut adopté comme apprenti dans l'atelier, mais mourut peu de temps après, de tuberculose. Dans le pays, on murmurait que les créanciers de son père n'avaient pas reçu tout l'argent qui leur était dû (environ 100 livres sterling) et que l'oncle était responsable du fait. En outre, on vint à savoir que le dernier désir du neveu avait été que son oncle payât les dettes de son père. Cependant l'oncle n'avait pas exaucé le désir du mort.

Je puis personnellement témoigner, ajoute encore Mr. Bristow, de l'excessive terreur dont il fut saisi lorsque se déclarèrent les manifestations. Un jour il me fit venir pour certains travaux et, chemin faisant, il commença à me parler des phénomènes, en paraissant désirer m'entendre dire qu'ils pouvaient s'expliquer naturellement. Son maintien était celui d'un homme pétrifié par la terreur ; et je me persuadai qu'il avait fait, pour son compte, des observations personnelles sur lesquelles il restait muet.

Un jour on apprit qu'il avait payé les créanciers de son frère : les manifestations *cessèrent immédiatement*. Aucune pierre sépulcrale n'avait été placée sur la tombe du neveu ; mais quand les phénomènes se déclarèrent, l'oncle s'était empressé d'accomplir aussi ce devoir ; la pierre existe encore dans le cimetière de Swanland : on peut y voir une tombe portant le nom de John Gray, mort à vingt-deux ans. »

Une impression étrange

Le récit précédent nous montre que les phénomènes semblent se produire sous l'influence d'un mort dont la présence imprègne la maison. En voici un autre exemple, rapporté par le témoin principal :

« Pendant l'été de 1874, nous nous installâmes dans l'appartement que nous habitons encore (106, High Street, Oxford). Nous avions loué la maison plusieurs années auparavant, mais nous avions à notre tour cédé à d'autres l'appartement en question. Nous choisîmes la chambre qui se trouvait au-dessus de la porte cochère pour en faire notre chambre à coucher. La première nuit que nous y dormîmes, je m'éveillai en sursaut à minuit 45 (les quarts sonnaient en cet instant à l'horloge de l'église), me sentant envahie par l'impression des plus pénibles que dans le plafond de la chambre devait se cacher quelque chose d'affreux. Je n'avais pas l'idée nette de ce que ce pouvait être, mais l'impression obsédante m'empêchait de dormir ; si bien qu'après une heure d'agitation, je me décidai à réveiller mon mari pour le mettre au courant de mon état. Il s'imagina qu'en me faisant boire un petit verre de liqueur, il dissiperait ce trouble, mais je n'arrivai en aucune façon à chasser l'étrange impression, et je ne pus me rendormir. Je sentais que l'ambiance de cette chambre devenait pour moi intolérable, et je me rendis au salon où je restai jusqu'à 8 heures. Loin de la chambre à coucher, toute impression désagréable disparaissait.

Caché dans le plafond

La nuit suivante, je m'éveillai pour la seconde fois à minuit 45 précises ; et, durant plusieurs semaines de suite, il m'arriva chaque nuit la même sensation, avec persistance de l'insomnie jusqu'à 5 heures et incapacité de chasser l'idée qui m'obsédait à propos de quelque chose d'horrible caché dans le plafond.

Par suite de cet état d'âme et des nuits d'insomnie fort agitées, ma santé finit par être sérieusement ébranlée ; ce qui m'obligea à m'éloigner de la maison et à me rendre chez mon frère, qui habitait Cambridge.

Tandis que je m'y trouvais, je fus informée que le plafond de notre chambre s'était effondré et que le lit de la chambre situé au-dessus était tombé sur le nôtre. Je trouvai donc suffisamment justifiées les impressions subjectives que j'avais éprouvées, et je n'y songeai plus. Cependant, plusieurs semaines plus tard, on m'apprit que dans l'effondrement du plafond on avait trouvé le petit cadavre momifié d'un enfant, avec la tête violemment tordue. Évidemment on avait caché là un nouveau-né bien dissimulé. »

Laissez-moi tranquille

Dans ce récit également c'est un mort qui « tire les ficelles ». Mais cette aventure est beaucoup moins macabre : elle nous est également relatée par le témoin, une femme d'une cinquantaine d'années :

« Le 18 mai 1896, écrit-elle, je m'étais rendue à Cambridge et j'avais logé au 35, Trumpington Street. Miss Wales, mon amie, était absente, et j'étais restée seule pour la nuit. Quand elle fut de retour, le lendemain, je lui appris que j'avais passé une nuit horrible, hantée de rêves persistants et répétés se rapportant à un homme que je n'avais plus vu et dont je n'avais plus entendu parler depuis bien des années, mais qui, jadis, avait été longuement et intimement lié à mon existence. Dans mon rêve, je le voyais près de moi, me reprochant de ne pas l'avoir épousé, ne m'épargnant pas des allusions ironiques au fait que, l'ayant repoussé, je me trouvais comme déplacée dans la vie. Plusieurs fois je m'étais réveillée et rendormie ; mais toujours le même homme avait surgi dans mes rêves, et il avait toujours proféré les mêmes paroles. Durant un intervalle d'insomnie, je sentais avec tant de force sa présence que je lui criai :

– Allez-vous-en, laissez-moi tranquille. Je ne garde pour vous que des sentiments généreux ; mais vous aimez me tourmenter, prouvant ainsi que j'aurais été malheureuse si je vous avais épousé. Je vous ordonne de me laisser en repos. »

Après cette apostrophe, il sembla que l'influence maléfique s'était atténuée et je parvins à me rendormir, mais d'un sommeil pénible et agité. J'éprouvai donc un soulagement quand la fille de la maîtresse de maison vint m'apporter le thé.

Hantée par un homme

Deux fois encore, dans la même semaine, je refis le même rêve, et j'en restai si angoissée que je dis à Miss Wales :

– Cette chambre est comme hantée par cet homme, et je voudrais en connaître la cause. Est-ce que par hasard le collège de Peterhouse se trouverait dans le voisinage ? Je vous le demande, parce qu'il y a trente ans cet homme était élève d'un collège de ce nom.

J'obtins une réponse affirmative, et Miss Wales ajouta que ce collège était proche.

La dernière fois que je rêvai de lui, je pensais : "Je ne puis comprendre pourquoi il doit hanter cette chambre à ce point, y aurait-il donc habité ?" Commencer une enquête pour en trouver les traces semblait une entreprise impossible après vingt-huit ans ; néanmoins, je demandai à Miss Hardrick, fille de la propriétaire des lieux, depuis combien de temps sa mère avait pris cette pension.

– Depuis dix-sept ans, répondit-elle.

– Et avant vous, qui l'avait ?

– Un couple qui a quitté la ville, et je les crois morts maintenant.

– Et avant eux ?

Tout en parlant ainsi, j'expliquai que je désirais retrouver les traces d'un homme qui avait habité dans le voisinage lorsqu'il était étudiant à Peterhouse. Miss Hardrick répondait qu'avant les époux en question, la pension avait appartenu à un certain M. Peck, maintenant pharmacien dans la rue voisine.

Il dormait là

Je me rendis chez ce pharmacien, sous prétexte d'acheter de l'acide borique, et je lui demandai si, par hasard, il y a une trentaine d'années, il n'avait pas habité au 35, Trumpington Street. Il me répondit affirmativement. Je lui demandai alors s'il ne se rappelait pas avoir logé un étudiant de Peterhouse de tel nom.

Le pharmacien répondit qu'il s'en souvenait et que ce jeune homme avait habité sa pension pendant dix-huit mois. Il en avait conservé un clair souvenir et me le prouva en me montrant une photographie de lui où il est représenté en compagnie d'un grand chien que je connaissais bien, nommé Leo ; et M. Peck se rappelait aussi ce nom. Je lui demandai alors quelle chambre occupait ce jeune homme, et il me répondit :

– La grande chambre au-dessus de la cuisine, avec le petit salon contigu.

Or, je dors dans cette même chambre, et je me sers du même petit salon.

Je déclare qu'auparavant, je n'avais jamais mis les

pieds dans la ville de Cambridge, que je n'avais aucune idée de la localité où cet homme avait passé ses années d'étudiant, et que j'ignorais même s'il avait été interne ou externe. Je savais seulement qu'en 1867 et 1868, il avait été élève de Peterhouse. A cette époque, je le connaissais bien peu, et il était naturel que je ne fusse pas informée de ce qui se rapportait à sa vie d'étudiant. »

Les quelques exemples que nous avons relatés, ont pour eux la netteté des phénomènes, leur fréquence, la diversité des témoins. Dans de nombreux cas, ces témoins déposèrent devant la police et il est difficile d'imaginer qu'il ait pu y avoir ici une supercherie. En rapprochant des centaines de cas impossibles à reproduire dans le cadre restreint de cet ouvrage, on constate que très fréquemment les phénomènes se produisent en présence d'un jeune homme ou d'une jeune fille particulièrement nerveux ou sensible et d'âge pubertaire.

Effet d'un médium ou de morts

Ce fut le cas dans la ferme de Mouilleron où travaillait la jeune Marie Thibaut, ou dans l'atelier de charpenterie qui occupait plusieurs adolescents. Ces adolescents jouent-ils un rôle de médium ? C'est probable, mais cela n'explique pas tout. Comme pour les déplacements d'objets, on pourrait supposer que ces médiums concentrent autour d'eux des radiations qui provoqueraient les phénomènes. Les spirites voient évidemment dans les maisons hantées, une preuve de plus de la manifestation des esprits sur notre terre. On ne peut en rejeter totalement la thèse puisque dans de nombreux cas (l'affaire du 35, Trumpington Street, la maison de High Street à Oxford) les événements semblent directement en rapport avec un mort. Pour d'autres, enfin, il s'agit de manifestations d'extra-terrestres, de forces cosmiques émanant des âmes des morts qui ne sont pas encore totalement détachés des attaches terrestres. Ils rejoignent donc plus ou moins les Spirites à quelques détails près.

Ce qui est certain, c'est que le phénomène existe. Sa cause n'est pas encore scientifiquement expliquée. Elle le sera peut-être un jour, mais, pour l'instant, les maisons hantées restent dans le domaine de l'occulte. On ne peut nier leur authenticité ni à l'inverse en donner une explication rationnelle.

CHAPITRE QUATRIÈME

LES FANTOMES DE JERSEY

Les évocations faites à Jersey par Victor Hugo et ses intimes restèrent longtemps inconnues, car les mystérieux cahiers de M. Paul Meurisse restèrent longtemps inédits. Pourtant le récit de ces réunions où les plus illustres fantômes s'entretenaient avec un non moins illustre vivant est particulièrement étonnant.

Victor Hugo spirite

Dans le public, on eut vent assez tard du spiritisme de Hugo, et cela, par des indiscrétions verbales. Dans ses « miettes d'histoire », Auguste Vacquerie raconte avec un certain luxe de détail comment à Jersey, dans la propre maison de Victor Hugo, furent assidus Eschyle, Shakespeare, Molière, Luther et quelques autres revenants d'importance.

Les procès-verbaux de ces séances existent ; voici un bref aperçu de la façon dont les évocations commencèrent.

Lorsque Mme de Girardin, à la fin de sa vie, apôtre du spiritisme, parla de table à Victor Hugo, celui-ci n'y accorda d'abord aucune importance. Il refusa même d'assister aux essais proposés car ils lui semblaient puérils.

Mme de Girardin était arrivée à Jersey le mardi 6 septembre 1853.

Au début, il y eut quelques essais infructueux. Seulement à l'avant-veille de son départ, le petit meuble s'anima. Les réponses étaient brèves – un mot ou deux à peine –, et les expérimentateurs maladroits ; car Mme de Girardin intervenait le moins possible, de façon à ne pas avoir l'air de suggérer les réponses : « Devine le mot que je pense ! » dit Vacquerie à la table. La table devina.

Madame Hugo pleura

Jusqu'ici, le hasard aurait pu avoir tout fait. Mais la séance allait bientôt se corser. On n'avait pas encore demandé qui était là. Le meuble finit par s'impatienter, s'agita comme une personne nerveuse ayant quelque chose de délicat à révéler : « Qui es-tu ? » demanda-t-on. La table épela : « Léopoldine. »

C'était le nom de la fille que Victor Hugo venait de perdre.

Hugo, cette fois, s'émut.

Moment d'angoisse et d'espoir inexprimables. On eût dit que la présence de la jeune fille invisible habitait la chambre. Mme Hugo pleurait. Charles questionna sa sœur. Elle répondit ce qu'il lui fut permis de répondre. Ce n'était plus de la curiosité, mais de l'anxiété. « Était-elle heureuse ? Les aimait-elle encore ? En quel lieu vivait-elle ? » La nuit fut vite passée.

Hugo n'était pas à la table

Léopoldine inaugura les révélations des « esprits » à Jersey, et fut leur annonciatrice. Il en vint de toute nature, de tous les pays, de tous les siècles ; et même des personnages fabuleux, comme la « Dame blanche » de l'île. Pendant le jour accouraient des « idées » ; pendant la nuit, des « morts ».

Quelquefois, pour se manifester, ils n'attendent pas qu'on les questionne. Il semble qu'ils aient plané autour des conversations, pendant le dîner, par exemple ; car la propriété où résidaient les Hugo, Marine-Terrace, était hantée par eux, même quand on ne les évoquait pas... Souvent, ils résolvent spontanément les problèmes discutés pendant la journée.

Les poètes s'expriment en vers, les autres en prose. Dans quel style, dans quelle langue ? Dans le style et dans la langue de Victor Hugo, avec toute sa grandiloquence romantique. Cependant, notez-le bien, Hugo n'est jamais à la table. Nous disons bien « jamais ». Il n'est même pas toujours dans la chambre. Ce n'est donc pas lui qui agit sur le « phénomène », directement, physiquement du moins.

Charles fut le médium

Qui était assis à la table ? Les exilés et les visiteurs des exilés, surtout le général Le Flô, Téleki, Charles Hugo, Vacquerie et Mme Hugo. Charles semble bien être le principal médium. Il sait que ce privilège lui est échu. Très intelligent, mais un peu indolent, il se plaint parfois de lassitude... Il est onze heures du soir, il a fait des armes toute la journée... il voudrait bien se coucher. Mais la table proteste, le réprimande, prétend continuer. Charles se résigne, en bon garçon, qui ne veut contrarier personne, même un « esprit ».

Charles pourrait donc être l'inspirateur volontaire de ces prétendues missives d'outre-tombe. Mais pour cela, il faudrait supposer une ruse continuelle et préconçue, puis un travail de préparation considérable dont ce jeune homme nonchalant ne pouvait être soupçonné.

Quand un sceptique lui demandait si les vers n'étaient pas de lui, il répondait qu'il les aurait volontiers signés.

La table s'exprima en anglais

Un événement en particulier décontenança les incrédules et gagna beaucoup d'adeptes au spiritisme.

Un soir, un jeune Anglais, qui fréquentait la maison, appela lord Byron ; celui-ci refusa de parler français. Charles, ne sachant pas un mot d'anglais, fit l'observation qu'il lui serait bien difficile de suivre les lettres. Alors, Walter Scott se présenta et, comme pour jouer un tour au médium, répondit ce qui suit :

Vex not the bard, his lyre is broken,
His last song sung, his last word spoken.

« Qu'est-ce que cela ? Je n'y comprends rien », dit le médium.

Le jeune Anglais expliqua :

« Ne tourmentez pas le barde, sa lyre est brisée, son dernier poème chanté, sa dernière parole dite. »

Le prodige était accompli ; la table avait parlé une langue inconnue du médium...

Hugo posait les questions en vers

Au cours de ces séances spirites, les poètes morts demandaient à être interrogés en vers par les poètes vivants. Hugo, qui n'avait encore écrit que les premiers livres des *Contemplations*, se donna la peine, comme Vacquerie, de rédiger en vers les questions qu'il voulait poser à ses étranges partenaires. Elles ont été consignées, inédites, à côté des répliques du mystère. Cette confrontation est émouvante. Parfois, la pensée qui vient de la table dépasse ou semble dépasser la puissance cérébrale des interrogateurs. Particulièrement, lorsque l'entité manifestée signe : « L'Ombre du Sépulcre » (dont la fameuse « Bouche d'Ombre » ne sera que l'écho), on a l'impression qu'apparaît une conscience supérieure à celle du poète, qui le malmène et le provoque. Les dernières pages de ces cahiers sont remplies de cette lutte étrange, duel gigantesque entre un nouveau Jacob et cet ange-esprit. Cette fois, Jacob est vaincu, mais non sans protester...

Des esprits qui ont du génie

En général, dans les séances de spiritisme autres que celles de Jersey, les vers dictés par les tables sont plats et sans intérêt.

Mais à Jersey les « esprits » ont du génie. Ces esprits subissent-ils, comme les hommes, l'influence du milieu ?

Voici la réponse que donna Eschyle, d'après le procès-verbal. On notera que le grand poète de l'Antiquité s'exprime en français.

Non, l'homme ne sera jamais libre sur terre ;
C'est le triste captif du bien, du mal, du beau.
Il ne peut devenir, c'est la loi du mystère,
Libre qu'en devenant prisonnier du tombeau.

Fatalité, lion dont l'âme est dévorée,
J'ai voulu te dompter d'un bras de cyclopéen.
J'ai voulu sur mon dos porter la peau tigrée
Il me plaisait qu'on dit : Eschyle néméen.

Je n'ai pas réussi ; la bête fauve humaine
Déchire encor nos chairs de son ongle éternel.
Le cœur de l'homme est plein encor de cris de haine.
Cette fosse aux lions n'a pas de Daniel.

Après moi vint Shakespeare ; il vit les trois sorcières,
O Némée, arriver du fond de ta forêt,
Et jeter dans nos cœurs, ces bouillantes chaudières,
Les philtres monstrueux de l'immense secret.

Il vint dans ce grand bois, la limite du monde.
Après moi, le dompteur, il vint lui, le chasseur.
Et comme il regardait dans son âme profonde,
Macbeth cria : « Fuyons », et Hamlet dit : « J'ai peur. »

Il se sauva. Molière, alors sur la lisière,
Parut et dit : « Voyez si mon âme faiblit.
Commandeur, viens souper ! » Mais, au festin de Pierre
Molière trembla tant, que don Juan pâlit.

Mais que ce soit le spectre ou la sorcière ou l'ombre
C'est toujours toi, lion, et ta griffe de fer.
Tu remplis tellement la grande forêt sombre,
Que Dante te rencontre en entrant dans l'enfer.

Tu n'es dompté qu'à l'heure où la Mort, belluaire,
T'arrache de la dent l'âme humaine en lambeau,
Te prend, dans ta forêt profonde et séculaire,
Et te montre du doigt ta cage, le tombeau !

La beauté de ces vers est indéniable. Nous les avons cités parce qu'ils sont parfaitement composés et donnent une idée de la haute tenue des poèmes de Marine-Terrace.

Les « esprits de Jersey » ont en effet beaucoup de qualités, mais ils ne savent pas toujours se limiter et ils procèdent par accumulation. Il est généralement difficile d'extraire un passage assez bref, qui « se tienne ». Mais ce n'est pas le cas ici.

Peut-on expliquer le phénomène ?

Comment trouver une explication à ces poèmes spirites ? Quelle est la source de ces poèmes automatiques d'une authenticité indéniable et d'un caractère si élevé ? Quelle est la clef de ce problème psychologique et métapsychique, un des plus troublants qui soient ? Comme toujours prenons comme première hypothèse la fraude.

Or, seul, Charles eût pu frauder, puisqu'avec sa mère il était le principal, sinon l'unique médium. Nous avons déjà répondu à cette allégation : son indolence aurait empêché Charles d'être l'auteur d'un travail préparatoire énorme, son amour-propre d'autre part l'aurait poussé à signer des productions tellement louées par tous, même par Victor Hugo.

Une mystification d'un goût d'autant plus douteux qu'elle s'appliquait à sa propre famille et à son père, dont il était l'admirateur, apparaît improbable. De plus la qualité littéraire des communications, obtenues par les tables de Marine-Terrace, est souvent égale aux meilleures productions de Victor Hugo et ne ressemble guère – notez-le bien – qu'aux œuvres alors *futures* du maître. Comment Charles eût-il pu en être l'auteur ?

Néanmoins maintes idées de Charles, maintes tournures de son style ont peut-être pu s'infiltrer à son insu dans les « révélations » de Jersey. Ce n'était ni un poète ni un prosateur à dédaigner ; et le médium donne toujours beaucoup de lui dans les plus authentiques manifestations qui le traversent. Cependant Charles ne pouvait suffire à la tâche, et il faut bien admettre qu'il puisait dans les « réserves » psychiques des assistants, de son père surtout.

Dix ans d'avance sur Hugo

Les magnifiques vers prononcés par la *Bouche d'Ombre* dans les *Contemplations* paraissent presque pâles et fades, à côté des toutes-puissantes harangues de l'*Ombre du Sépulcre !*

Or, toute fraude n'eût pu être qu'une pâle imitation du génie du maître. Et, nous l'avons déjà souligné, la qualité des poèmes reçus à Jersey s'apparente à ce qu'écrira Victor Hugo des années plus tard. Il y a là une énigme passionnante.

Les esprits des morts ?

Puisque la première hypothèse (la fraude) ne saurait être retenue, passons à une autre hypothèse : les âmes des morts.

Les assistants des séances et les habitués de Marine-Terrace concluaient en ce sens ; Hugo aussi d'ailleurs. Dans les procès-verbaux, il parle aux esprits comme à des entités personnelles ; et il ne leur ménage pas la déférence et la cordialité.

Auguste Vacquerie, incrédule au commencement des réunions, fut rapidement convaincu. Il exprime avec clarté les idées du petit groupe :

« ... Je sais, dit-il, tout le respect qu'on doit à l'opinion du Paris actuel, de ce Paris si sensé, si pratique et si positif qui ne croit, lui, qu'au maillot des danseuses et au carnet des agents de change ; mais son haussement d'épaules ne me ferait pas baisser la voix.

Je suis heureux d'avoir à lui dire, quant à l'existence de ce qu'on appelle les esprits : je n'en doute pas ; je n'ai jamais eu cette fatuité de race qui décrète que l'échelle des êtres s'arrête à l'homme, je suis persuadé que nous avons au moins autant d'échelons sur le front que sous les pieds, et je crois aussi fermement aux esprits qu'aux onagres. Leur existence admise, leur intervention n'est plus qu'un détail ; pourquoi ne pourraient-ils pas communiquer avec l'homme par un moyen quelconque, et pourquoi ce moyen ne serait-il pas une table ? Des êtres immatériels ne peuvent faire mouvoir la matière ; mais qui vous dit que ce soient des êtres immatériels ? Ils peuvent avoir un corps aussi, plus subtil que le nôtre et insaisissable au regard, comme la lumière l'est à notre toucher. Il est vraisemblable qu'entre l'état humain et l'état immatériel, s'il existe, il y a des transitions. Le mort succède au vivant comme l'homme à l'animal. L'animal est un homme avec moins d'âme, l'homme est un animal en équilibre, le mort est un homme avec moins de matière, mais il lui en reste ; je n'ai donc pas d'objection raisonnée contre la réalité du phénomène des tables. »

Cette explication de Vacquerie coïncide évidemment avec celle des spirites tels qu'Allan Kardec.

Un influx collectif

Une autre hypothèse, plus rationaliste, est que dans ces séances il se passe une sorte de dédoublement de personnalité collectif. Une sorte d'émanation collective imprégnerait l'atmosphère et agirait sur le cerveau du médium qui en serait le traducteur, le lecteur. On comprendrait alors mieux pourquoi les tables de Jersey dictaient des poèmes d'une qualité analogue à celle de Hugo.

On assisterait donc ici à un phénomène de projection de la pensée hors de notre cerveau, sans que nous en ayons conscience. Mais cette hypothèse rejoint finalement assez curieusement celle des spirites. Cette pensée qui s'extériorise et déborde les limites habituelles de notre corps, c'est un peu comme un spectre, un spectre dont nous sommes inconscients. Dans cette hypothèse, ce sont les spectres des personnes présentes qui agissent collectivement sur le médium, tandis que les spirites franchissent seulement un pas de plus en estimant que ce spectre survit à la mort du corps physique.

Hors des limites du corps

En creusant davantage, on peut aussi admettre que dans un groupe d'évocateurs organisant une séance de spiritisme, la personnalité la plus forte dominera les autres. A Jersey, ce meneur de jeu inconscient était probablement Victor Hugo. C'est lui qui aurait « suggestionné » le plus souvent et le plus fortement Charles, ce qui n'exclut pas que les préoccupations des autres participants n'aient pas, elles aussi, une influence.

L'existence de ce spectre, de cette pensée rayonnante qui sort des limites matérielles de notre corps, de notre cerveau, se retrouve chez certains occultistes sous le nom d'« aura ». Mais c'est finalement toujours plus ou moins le même phénomène. Et cette aura qui rayonne autour de nous donne alors la clef de maints phénomènes dits occultes : la télépathie, la suggestion mentale, la divination, les prémonitions, pressentiments, tout cela s'explique facilement si l'on admet l'existence de cette « aura ». Certains y ont même vu, en amour, l'explication du fameux « coup de foudre » qui se produit entre deux êtres de façon rapide et inexplicable.

CHAPITRE CINQUIÈME

LES MÉDIUMS

Pour Allan Kardec, toute personne qui ressent, à un degré quelconque, l'influence des Esprits est, de ce fait même, un médium. Cette faculté existe chez tous les êtres mais elle est inégalement développée. Aussi réserve-t-on la qualification de médium aux personnes chez qui la faculté médiumnique est suffisamment prononcée.

Diverses catégories de médiums

Tous les médiums ne réagissent pas de la même façon ; ils sont généralement plus doués pour certains types de phénomènes.

Allan Kardec distingue les catégories suivantes de médiums :

– les médiums à effets physiques : ce sont ceux qui facilitent l'apparition de phénomènes physiques tels que : tables tournantes, bruits, déplacement d'objets, lévitation, etc. ;

– les médiums sensitifs qui ressentent sans pouvoir l'expliquer la présence d'esprits en un lieu déterminé ;

– les médiums auditifs entendent les voix des esprits : quelquefois ils l'entendent intérieurement, dans d'autres cas ils l'entendent clairement comme une voix extérieure ;

– les médiums parlants expriment directement, par leur voix, le message qu'ils reçoivent, sans avoir conscience de ce qu'ils disent ;

– les médiums voyants décrivent les phénomènes passés, présents ou futurs qu'ils croient voir véritablement, soit à l'état de veille soit en état hypnotique ou somnanbulique. Le médium voyant est souvent témoin d'apparitions que d'autres personnes ne voient pas. Inversement, certains médiums favorisent des apparitions visibles par toutes les personnes présentes ;

– les médiums guérisseurs. Il est difficile de dire s'il s'agit d'une faculté de médiumnité ou d'une aptitude particulièrement développée au magnétisme ; ils guérissent donc par d'autres moyens et c'est peut-être leur faculté de médium qui le leur permet ;

– enfin, dernières catégories citées par Allan Kardec, les médiums pneumatographes qui obtiennent, sur des feuilles pliées et déposées dans un endroit désigné par l'esprit, un message écrit venu de l'au-delà. A ne pas confondre avec les médiums écrivains qui écrivent eux-mêmes le message qu'ils reçoivent.

Les médiums voyants proprement dits sont rares, et il y a beaucoup à se défier de ceux qui prétendent jouir de cette faculté ; il est prudent de n'y ajouter foi que sur des preuves positives. Certaines personnes peuvent sans doute se tromper de bonne foi, mais d'autres peuvent aussi simuler cette faculté par amour-propre ou par intérêt. Dans ce cas, il faut particulièrement tenir compte du caractère et de la sincérité habituelle ; mais c'est surtout dans les circonstances de détail qu'on peut trouver le contrôle le plus certain, car il en est qui ne peuvent laisser de doute, comme, par exemple, l'exactitude du portrait d'Esprits que le médium n'a jamais connus vivants. Le fait suivant est dans cette catégorie.

Une dame veuve, dont le mari se communique fréquemment à elle, se trouvait un jour avec un médium voyant qui ne la connaissait pas, non plus que sa famille ; le médium lui dit : – Je vois un Esprit près de vous. – Ah ! dit la dame, c'est sans doute mon mari qui ne me quitte presque jamais. – Non, répondit le médium, c'est une femme d'un certain âge ; elle a un bandeau blanc sur le front.

A cette particularité et à d'autres détails descriptifs, la dame reconnut sa grand-mère à ne pas s'y méprendre, et à laquelle elle ne songeait nullement en ce moment. Si le médium avait voulu simuler la faculté, il lui était facile d'abonder dans la pensée de la dame, tandis qu'au lieu du mari dont elle était occupée, il voit une femme avec une particularité de coiffure dont rien ne pouvait lui donner l'idée. Ce fait prouve une autre chose : c'est que la vue, chez le médium, n'était le reflet d'aucune pensée étrangère.

Le somnambulisme peut être considéré comme une variété de la faculté médiumnique, ou pour mieux dire, ce sont deux ordres de phénomènes qui se trouvent très souvent réunis. Le somnambule agit sous l'influence de son propre Esprit ; c'est son âme qui, dans les moments d'émancipation, voit, entend et perçoit en dehors de la limite des sens ; ce qu'il exprime, il le puise en lui-même ; ses idées sont en général plus justes que dans l'état normal ses connaissances plus étendues, parce que son âme est libre ; en un mot, il vit par anticipation de la vie des Esprits. Le médium, au contraire, est l'instrument d'une intelligence étrangère ; il est passif, et ce qu'il dit ne vient point de lui. En résumé, le somnambule exprime sa propre pensée, et le médium exprime celle d'un autre. Mais l'Esprit qui se communique à un médium ordinaire peut tout aussi bien le faire à un somnambule ; souvent même l'état d'émancipation de l'âme, pendant le somnambulisme, rend cette communication plus facile.

La médiumnité est-elle dangereuse ?

Après cette énumération des divers types de médium et de ce don curieux, on peut se demander si le développement des facultés médiumniques ne présente pas de danger. Allan Kardec a répondu sur ce point à huit questions :

1. La faculté médiumnique est-elle l'indice d'un état pathologique quelconque ou simplement anomal ?

– Anomal quelquefois, mais non pathologique ; il y a des médiums d'une santé robuste ; ceux qui sont malades le sont pour d'autres causes.

2. L'exercice de la faculté médiumnique peut-il occasionner de la fatigue ?

– L'exercice trop prolongé de toute faculté quelconque amène la fatigue ; la médiumnité est dans le même cas, principalement celle qui s'applique aux effets physiques ; elle occasionne nécessairement une dépense d'énergie qui amène la fatigue et se répare par le repos.

3. La médiumnité pourrait-elle produire la folie ?

– Pas plus que toute autre chose lorsqu'il n'y a pas prédisposition par la faiblesse du cerveau. La médiumnité ne produira pas la folie lorsque le principe n'y est pas ; mais si le principe existe, ce qu'il est facile de reconnaître à l'état normal, le bon sens dit qu'il faut user de ménagements sous tous les rapports, car toute cause d'ébranlement peut être nuisible.

4. Y a-t-il quelque inconvénient à développer la médiumnité chez les enfants ?

– Certainement, et je soutiens que c'est très dangereux ; car ces organisations frêles et délicates en seraient trop ébranlées et leur jeune imagination trop surexcitée ; aussi les parents sages les éloigneront-ils de ces idées, ou du moins ne leur en parleront-ils qu'au point de vue des conséquences morales.

5. Il y a cependant des enfants qui sont médiums naturellement, soit pour les effets physiques, soit pour l'écriture et les visions ; cela a-t-il le même inconvénient ?

– Non ; quand la faculté est spontanée chez un enfant, c'est qu'elle est dans sa nature et que sa constitution s'y prête ; il n'en est pas de même quand elle est provoquée et surexcitée. Remarquez que l'enfant qui a des visions en est généralement peu impressionné : cela lui paraît une chose toute naturelle, à laquelle il prête une assez faible attention et que souvent il oublie ; plus tard le fait lui revient en mémoire, et il se l'explique aisément s'il connaît le spiritisme.

6. Quel est l'âge auquel on peut, sans inconvénient, s'occuper de médiumnité ?

– Il n'y a pas d'âge précis, cela dépend entièrement du développement physique et encore plus du développement moral ; il y a des enfants de douze ans qui en seront moins affectés que certaines personnes adultes.

Il ne faut pas pousser au développement de cette faculté chez les enfants lorsqu'elle n'est pas spontanée, et, dans tous les cas, il faut en user avec une grande circonspection ; il ne faut pas non plus l'exciter ni l'encourager chez les personnes débiles. Il faut en détourner, par tous les moyens possibles, celles qui auraient donné les moindres symptômes d'excentricité dans les idées ou d'affaiblissement des facultés mentales, car il y a chez elles une prédisposition évidente à la folie que toute cause surexcitante peut développer. Les idées spirites n'ont pas, sous ce rapport, une influence plus grande, mais la folie venant à se déclarer prendrait le caractère de la préoccupation dominante, comme elle prendrait un caractère religieux si la personne s'adonnait avec excès aux pratiques de dévotion et l'on en rendrait le spiritisme responsable.

CHAPITRE SIXIÈME

LES PHÉNOMÈNES DE VOYANCE

Parmi les très nombreux phénomènes de voyance sérieusement établis et dignes de confiance, nous avons pris, à titre d'exemple, le cas d'un médium américain particulièrement intéressant, Mrs. Piper.

Mrs. Piper habitait une petite ville près de la mer, aux États-Unis, où dit-on une vingtaine de personnes avaient été condamnées à mort pour crime de magie deux siècles plus tôt.

Mais, cette fois-ci, les sciences occultes n'ont pas porté malheur à la voyante qui eut l'occasion de donner autant de preuves qu'elle voulut de ses dons exceptionnels.

En ce début de siècle, la gare de sa ville était constamment envahie de visiteurs, tellement elle eut de succès. Aux environs de 1905, Mrs. Piper a quarante ans ; elle est blonde, elle a un regard un peu fixe et inquiétant. Sa physionomie semble épuisée par les efforts psychiques qu'elle fournit. A part cela, c'est une bourgeoise américaine typique, d'esprit cultivé, ayant des goûts littéraires très classiques.

Elle s'endort seule

Pour entrer en état de voyance, Mrs. Piper aime une certaine pénombre. Ayant revêtu une toilette commode, la lumière du dehors filtrant doucement par les volets clos, elle commence à se plaindre avec ces gémissements des parturitions physiques. Elle s'endort elle-même sans l'aide d'aucun hypnotiseur. Finalement, ses soupirs montrent qu'elle a émigré dans un autre état d'âme ; la voilà dans les profondeurs inconscientes du sommeil magnétique ou somnambulique. Une autre personnalité paraît alors avoir supplanté la sienne ; et cette personnalité possède des dons divinatoires, entre en communication avec l'âme des morts chers aux assistants, même quand ces morts n'ont jamais été connus de Mrs. Piper.

Trois communications à la fois

Il arrive même que le défunt s'introduise dans l'organisme du médium, parle par sa bouche ; il peut se faire qu'il en vienne plusieurs à la fois, et ce n'est pas un spectacle banal que de reconnaître, dans le même corps dépossédé du moi conscient, jusqu'à trois présences différentes ; l'une envoie un message par la main gauche, l'autre par la droite, et la troisième parle, tandis que les deux autres écrivent. Alors vraiment l'hypothèse de la tromperie volontaire est difficile à accepter, car quelle comédienne pourrait sans se tromper tenir trois rôles à la fois ? qui peut écrire des deux mains à la fois et parler en même temps.

Parmi ceux qui étudièrent le cas de Mrs. Piper se trouvait un certain Richard Hodgson, docteur en droit, qui fut la terreur des faux médiums ou des vrais médiums qui de temps à autre trichent lorsqu'ils ne se sentent pas en forme. Hodgson était décidé à trouver la faille, dans le cas où Mrs. Piper aurait fraudé. Il lui tendit de nombreux pièges et la fit même espionner par des policiers pour connaître son emploi du temps, ses relations, ses contacts occasionnels. Après de longues enquêtes, Hodgson conclut qu'elle avait « l'âme pure et simple d'un enfant ».

Parmi les morts évoqués par Mrs. Piper, il y avait un certain Pellew qui excita la curiosité de tous les spécialistes.

Une demande du disparu

Pellew était mort en 1892, à trente-deux ans. Jurisconsulte de profession, il s'était consacré par goût à la littérature et à la philosophie. Il avait publié deux livres très appréciés, et il laissa un certain nombre de manuscrits. Il mourut dans un accident.

Cinq semaines après, Mrs. Piper dit à Hodgson : « Votre ami George Pellew a quelque chose à vous dire ! » Et George parla, bien entendu par la bouche du médium. Il raconta qu'il avait oublié dans sa chambre, au fond d'un petit meuble, quelques lettres qui le tracassaient. A tout prix, il ne voulait pas que sa famille y jetât les yeux, et il priait son camarade Hodgson de faire disparaître cette correspondance. Hodgson, incrédule, n'en fit rien. Mal lui en prit. Avant un mois, il reçut une lettre éplorée des parents de George. Ils avaient trouvé les lettres en question, dont l'existence n'était connue auparavant que du mort...

Une autre fois, George Pellew apporta des révélations foudroyantes et qui annihilèrent tous les doutes. A la première séance, M. Hodgson lui demande de rappeler quelques-uns des souvenirs qu'eux deux seuls possédaient en commun. George Pellew écrit par la main de Mrs. Piper, sur une feuille du bloc-notes, sa communication, en tête de laquelle il met : *Private.* Il détache la feuille et la tend à M. Hodgson, qui en est tellement saisi qu'il tombe des nues. George Pellew aime d'ailleurs faire allusion à d'intimes souvenirs d'enfance. Il rappelle à sa sœur que son violon, quand elle l'étudiait, le mettait hors de lui.

Des nouvelles de l'au-delà

Autre exemple troublant : du temps où Pellew était vivant, il avait eu un jour une conversation très animée avec Hodgson sur l'au-delà. Hodgson pensait que l'être humain se composait d'un corps et d'une enveloppe plus subtile qui peut-être survivait. Pellew émettait des doutes et en souriant il avait promis à Hodgson que s'il mourait le premier il lui enverrait des nouvelles de l'au-delà. Il est donc particulièrement étonnant de voir comment Pellew mort, sut tenir, par le truchement de Mrs. Piper, les promesses de Pellew vivant.

George Pellew aime aussi tourmenter ses amis, Hodgson surtout, pour qu'on cite son cas et qu'on raconte son histoire. Il cherche d'abord à obliger son père et sa mère à reconnaître son authenticité. Et cela par de menus détails tout intimes souvent vérifiés :

– J'ai vu ma mère brosser mes habits ; elle a retiré mes boutons de manchettes d'une petite boîte et les a donnés à mon père. Je l'ai vu les envoyer à J. H... Ma mère a rangé mes papiers dans une boîte en fer... Mon père a pris une photographie et l'a portée à un photographe de Washington pour la copier, etc.

Les détails les plus curieux

Pellew reconnaît trente de ses amis. Il a des étonnements typiques, par exemple, à propos d'une jeune fille qui a beaucoup grandi.

A une autre qui raclait du violon, il dit avec une franchise qui froisse la mère de la demoiselle (le procès-verbal en témoigne) : « C'était horrible de vous entendre jouer ! »

Une lettre, écrite par la mère de George, est tenue à la main par l'une des assistantes, de façon à ce qu'il soit impossible au médium de la lire. George déchiffre la lettre pourtant et ne se trompe que sur un seul mot à propos d'une maison qu'il place sur l'Hudson alors qu'elle est au bord du Potomac.

Lorsqu'on lit le procès-verbal des séances où Mrs. Piper évoquait Pellew, il est incroyable de voir la réalité que prend l'esprit évoqué : le personnage est vif sans rien de triste ni de vague, il a un caractère primesautier, qu'allégrement il traite lui-même « d'excentrique ». Il ne ressemble pas à ses autres camarades de l'au-delà, qui viennent aussi parler par la bouche de Mrs. Piper endormie. Il est gai, déluré, parfois railleur.

Une autre fois, Pellew demande à être mis en communication avec d'anciens et intimes amis, comme M. James Howard et sa femme. Il s'exprime volontiers :

« Est-ce vous, Jim ? Parlez-moi vite. Je ne suis pas mort. Je suis terriblement content de vous voir. Ne pouvez-vous pas me voir aussi ? – M'entendez-vous ? Envoyez mes tendresses à mon père, et dites-lui que je voudrais le voir. Je suis heureux ici, et encore plus depuis que je m'aperçois que je puis communiquer avec vous. Je plains ces gens qui ne peuvent parler... »

George Pellew semblait prévoir que ses communications avec ses anciens amis de la terre par l'intermédiaire de Mrs. Piper devraient cesser un jour. Ce qui arriva au bout d'un certain temps, comme si, sa mission terminée, le revenant passait à d'autres emplois, ou plutôt comme si le médium avait épuisé ses ressources dans cette direction.

Hypothèses et explications

Comment expliquer les dons de voyance et de médiumnité vraiment exceptionnels de Mrs. Piper. La première hypothèse que l'on peut émettre, c'est celle de la fraude.

Mrs. Piper serait une femme très rusée, bien renseignée ; elle aurait su dire ce qu'on attendait d'elle et, si elle avait en plus possédé l'art de la comédie, l'illusion eût été totale.

Il existe des « fraudes » inconscientes. L'hypnose donne l'exemple d'attitudes empruntées à une autre personne, prises par le sujet sous l'effet de la suggestion ou de l'autosuggestion. Tel pourrait être le cas de Mrs. Piper. Alors, on la fait surveiller ; on lui tend des pièges, on l'observe pendant plus de dix ans en Amérique et en Angleterre.

Son sommeil est véridique. Les globes oculaires restent révulsés pendant les séances qui sont épuisantes, et ces phénomènes somatiques ne peuvent être que difficilement simulés.

Ainsi que nous l'avons signalé, plusieurs personnalités s'emparent en même temps du médium, et celle-ci transcrit les paroles de chacune d'elles. Le comédien le plus confirmé n'y parviendrait pas.

Autre hypothèse : on peut imaginer qu'il y a eu de la part des amis présents ou lointains de G. Pellew une puissante suggestion mentale. La personnalité passive et impressionnable du médium pourrait en effet favoriser cette forme d'influence.

M. Hodgson a fait quelques objections à cette solution. Il remarque qu'elle a une clairvoyance tout à fait unique, et une communication privilégiée avec les êtres morts. Car, selon lui, ces évocations sont si réalistes et si spécifiques à chacun des caractères entrant en scène, qu'elles ne peuvent émaner du seul cerveau de Mrs. Piper. On a aussi émis l'hypothèse du dédoublement, thèse selon laquelle Mrs. Piper souffrait d'une maladie mentale qui lui faisait prendre plusieurs personnalités très différentes. Finalement, c'est l'existence des « esprits » qui a été retenue comme explication par les contemporains de la voyante.

Citons Pellew lui-même :

« La pensée existe sans la substance matérielle, elle continue à exister même après l'annihilation du corps. L'Ego, débarrassé de l'organisme matériel, est plus libre. » On peut noter la parenté très nette de cette théorie avec le platonisme.

Ainsi, si l'on consent à admettre l'authenticité des expériences faites sur Mrs. Piper, quelque chose de nos amis disparus demeurerait véritablement autour de nous, comme l'arôme d'une fleur persiste longtemps dans une chambre quand nous avons arraché et détruit ses pétales.

Dans ce cas précis, les autres explications données aux phénomènes spirites, comme celle de l'aura, ne sont pas suffisantes. On est ici conduit à penser qu'il reste quelque chose après la mort et que la doctrine d'Allan Kardec est ici la meilleure explication.

CHAPITRE SEPTIÈME

CHARLATANISME

L'intérêt suscité par le Spiritisme a évidemment provoqué de nombreuses fraudes. Les faux médiums ne se comptent plus. Certains y ont vu la source de profits réguliers en organisant, moyennant finance des séances de spiritisme. Ceux qui monnaient ainsi leur prétendu talent sont des fraudeurs. Nous avons déjà dit que suffisamment de gens possèdent des facultés médiumniques, pour qu'il ne soit pas nécessaire d'avoir recours à des médiums payants. Écoutons l'opinion d'Allan Kardec sur ce problème : « La médiumnité doit être une faculté donnée pour le bien.

Prétendre...

Prétendre produire les esprits à jours et heures fixes, serait faire preuve de la plus profonde ignorance. Que faire alors pour gagner son argent ? Simuler les phénomènes ; c'est ce qui peut arriver non seulement à ceux qui en feraient un métier avoué, mais même à des gens simples en apparence qui trouvent ce moyen plus facile et plus commode que de travailler. Si l'Esprit ne vient pas, on y supplée : l'imagination est si féconde quand il s'agit de gagner de l'argent !

La faculté médiumnique, même restreinte dans la limite des manifestations physiques, n'a point été donnée pour en faire parade sur les tréteaux, et quiconque prétendrait avoir à ses ordres des Esprits pour les exhiber en public, peut à bon droit être suspecté de charlatanisme ou de prestidigitation plus ou moins habile. Qu'on se le tienne pour dit toutes les fois qu'on verra des annonces de prétendues séances de *spiritime* ou de *spiritualisme* à tant la place, et qu'on se souvienne du droit qu'on achète en entrant.

On dira, peut-être, qu'un médium qui donne son temps au public dans l'intérêt de la chose ne peut le donner pour rien, parce qu'il faut vivre. Mais est-ce dans l'intérêt de la chose ou dans *le sien* qu'il le donne, et n'est-ce pas plutôt parce qu'il entrevoit un métier lucratif ? On trouvera toujours des gens dévoués à ce prix-là.

Nous n'ignorons pas que notre sévérité à l'égard des médiums intéressés ameute contre nous tous ceux qui exploitent ou seraient tentés d'exploiter cette industrie, et nous en fait des ennemis acharnés, ainsi que de leurs amis qui prennent naturellement fait et cause pour eux ; nous nous en consolons en pensant que les marchands chassés du temple par Jésus ne devaient pas non plus le voir d'un bon œil. »

Les fraudeurs sont-ils nombreux ?

Ceux qui n'admettent pas la réalité des manifestations physiques attribuent généralement à la fraude les effets produits. Ils se fondent sur ce que les prestidigitateurs habiles font des choses qui paraissent des prodiges quand on ne connaît pas leurs secrets ; d'où ils concluent que les médiums ne sont autres que des escamoteurs.

Il est, du reste, une considération qui n'échappera pas à quiconque réfléchit un peu. Il y a sans doute des prestidigitateurs d'une habileté prodigieuse, mais ils sont rares. Si tous les médiums pratiquaient l'escamotage, il faudrait convenir que cet art aurait fait en peu de temps des progrès inouïs, et serait devenu subitement bien commun, puisqu'il se trouverait à l'état inné chez des gens qui ne s'en doutaient guère, même chez des enfants.

De tous les phénomènes spirites, ceux qui prêtent le plus à la fraude sont les phénomènes physiques, par des motifs qu'il est utile de prendre en considération. D'abord, parce que s'adressant aux yeux plus qu'à l'intelligence, ce sont ceux que la prestidigitation peut le plus facilement imiter. Secondement que, piquant plus que les autres la curiosité, ils sont plus propres à attirer la foule et, par conséquent, plus productifs. A ce double point de vue, les charlatans ont donc tout intérêt à simuler ces sortes de manifestations ; les spectateurs, pour la plupart étrangers à la science, y vont généralement chercher une distraction bien plus qu'une instruction sérieuse et l'on sait qu'on paie toujours mieux ce qui amuse que ce qui instruit. Mais, à part cela, il y a un autre motif non moins péremptoire. Si la prestidigitation peut imiter des effets matériels, pour lesquels il ne lui faut que de l'adresse, nous ne lui connaissons pas, jusqu'à présent, le don d'improvisation qui requiert une dose d'intelligence peu commune, ni celui de produire ces belles et sublimes dictées, souvent si pleines d'à-propos, que donnent les Esprits dans leurs communications.

Des fraudes bien connues

Un des phénomènes les plus ordinaires est celui des coups intimes frappés dans la substance même du bois, avec ou sans mouvement de la table ou autre objet dont on se sert. Cet effet est un des plus faciles à imiter, soit par le contact des pieds, soit en provoquant de petits craquements dans le meuble ; mais il est une petite ruse spéciale qu'il est utile de dévoiler. Il suffit de poser ses deux mains à plat sur la table et assez rapprochées pour que les ongles des pouces appuient fortement l'un contre l'autre ; alors, par un mouvement musculaire tout à fait imperceptible, on leur fait éprouver un frottement qui donne un petit bruit sec, ayant une grande analogie avec ceux de la typtologie intime. Ce bruit se répercute dans le bois, et produit une illusion complète. Rien n'est plus facile que de faire entendre autant de coups qu'on en demande, une batterie de tambour, etc., de répondre à certaines questions par oui ou par non, par des nombres, ou même par l'indication des lettres de l'alphabet.

Une fois prévenu, le moyen de reconnaître la fraude est bien simple. Elle n'est pas possible, si les mains sont écartées l'une de l'autre, et si l'on est assuré qu'aucun autre contact ne peut produire le bruit. Les coups réels offrent d'ailleurs cela de caractéristique, qu'ils changent de place et de timbre à volonté, ce qui ne peut avoir lieu quand il est dû à la cause que nous signalons ou à tout autre analogue ; qu'il sort de la table pour se porter sur un meuble quelconque que personne ne touche, sur les murs, le plafond, etc., qu'il répond enfin à des questions non prévues.

Quelles fraudes pratiquent les faux médiums ?

Tout d'abord les fraudes concernent les manifestations matérielles : on aide par exemple, les tables à tourner en amorçant un léger mouvement rotatif que les autres participants amplifient à leur insu.

On peut provoquer des soulèvements de la table soit avec le genou, soit avec le pied, soit à l'aide d'un anneau de gros fil placé sous un pied de la table et posé sur le genou du médium. D'autres utilisent une tige métallique solidement fixée à l'avant-bras, sortant de la manche sous la main (qui la cache) et que l'on glisse sous le rebord de la table. L'imagination des faux médiums a été très fertile.

Allan Kardec dénonce aussi la production truquée de craquements ou raps.

L'écriture directe est encore plus facile à imiter ; sans parler des agents chimiques bien connus pour faire apparaître de l'écriture dans un temps donné sur du papier blanc, ce que l'on peut déjouer avec les précautions les plus vulgaires, il pourrait arriver que, par un escamotage habile, on substituât un papier à un autre. Il se pourrait aussi que celui qui voudrait frauder eût l'art de détourner l'attention pendant qu'il écrirait adroitement quelques mots. On nous a dit encore avoir vu écrire ainsi avec un morceau de mine de plomb dissimulé sous l'ongle.

Les manifestations intelligentes sont, selon les circonstances, celles qui offrent le plus de garantie, et cependant elles ne sont pas à l'abri de l'imitation, du moins en ce qui concerne les communications banales et vulgaires. On croit avoir plus de sécurité avec les médiums mécaniques, non seulement pour l'indépendance des idées, mais aussi contre les supercheries ; c'est pour cette raison que certaines personnes préfèrent les intermédiaires matériels. Eh bien ! c'est une erreur. La fraude se glisse partout, et nous savons qu'avec de l'habileté on peut diriger à volonté même une corbeille ou une planchette qui écrit, et lui donner toutes les apparences des mouvements spontanés.

On a bien entendu vu les faux médiums provoquer de fausses apparitions. Rien n'est plus facile si le faux médium peut opérer dans un local aménagé spécialement par lui, pour ses séances spirites. L'apparition peut être obtenue par réflexion sur un miroir d'une personne dissimulée derrière un rideau et que l'on éclaire faiblement ; elle peut être simulée en faisant apparaître directement un compère grâce à une porte secrète dissimulée dans le mur ou grâce à des panneaux qui glissent l'un sur l'autre. Dans ce cas, l'apparition peut être touchée par les participants ce qui rend le phénomène encore plus merveilleux ! Enfin, on utilise avec le meilleur effet une glace sans tain, à travers laquelle on voit « apparaître » le compère lorsque les assistants sont dans l'obscurité et que l'on éclaire la pièce située derrière le miroir.

Il est évidemment facile de faire parler les fausses apparitions et plus encore de faire entendre la voix d'esprits sans apparitions.

L'écriture directe...

Les phénomènes de lévitation sont eux-mêmes faciles à imiter dès l'instant que l'on peut procéder à l'installation du matériel adéquat.

Il n'y a guère de phénomènes spirites que l'on n'ait réussi à imiter parfaitement.

Est-ce à dire que tout le spiritisme n'est qu'une vaste supercherie entre les mains d'habiles prestidigitateurs ? Évidemment non. De très nombreuses expériences ont été faites par des savants dans des conditions rendant toute fraude impossible et un chapitre leur est consacré. Il faut simplement savoir que par intérêt pécuniaire ou par désir de se parer de dons qu'ils ne possèdent pas, certains n'hésitent pas à tricher. Lorsque l'on veut organiser une séance de spiritisme, il faut donc tout mettre en œuvre pour éliminer les risques de fraude, sinon cela ne présente plus aucun intérêt.

TROISIÈME PARTIE

LA RECHERCHE DE LA VÉRITÉ

CHAPITRE PREMIER

L’EXPÉRIMENTATION PRATIQUE MISE AU POINT PAR LES SCIENTIFIQUES

Comme l’une des premières expériences d’occultisme que l’on tente généralement est celle des tables tournantes ; nous allons revenir sur celles-ci en précisant les conditions à respecter pour avoir des chances de réussir l’expérience. Nous suivrons les conseils de Reichenbach, du Dr Maxwell et du colonel de Rochas, ces savants ne cherchent pas à prouver qu’il s’agit de manifestation d’esprits ou d’autres êtres surnaturels. Ils se contentent d’expérimenter et de constater la réalité du phénomène. Peu importe, pour eux, que la force qui fait mouvoir la table ou les autres objets soit un esprit ou un fluide collectif créé par les personnes présentes. Ce qui compte c’est que la réalité du phénomène soit authentifiée.

Commencez avec un médium

Afin de faciliter autant que possible l’expérimentation en permettant d’obtenir rapidement des résultats, nous exposerons tout d’abord les méthodes avec médiums. Nous recommandons de débuter par celles-là, parce qu’elles sont très pratiques, qu’elles n'exigent *aucun entraînement préalable* et qu'elles produisent déjà des résultats extraordinaires.

Rappelons que l'on désigne sous le nom de *médiums* les personnes qui sont susceptibles de dégager, d'extérioriser naturellement assez de force psychique pour pouvoir donner lieu à la production de phénomènes. (Pour ne pas nous écarter du point de vue pratique, nous nous contenterons, pour le moment, de cette définition de la *médiumnité*).

Les médiums sont assez nombreux et se rencontrent dans toutes les classes de la société. Le meilleur moyen de les découvrir est d'expérimenter beaucoup. Les médiums se distinguent par quelques particularités dont l'observation permet de faciliter, dans une certaine mesure, les recherches. Les gens qui entendent souvent des craquements dans les meubles, des coups frappés sur leur table de nuit ou sur le bois de leur lit ; ceux qui remarquent parfois, dans leur voisinage, des déplacements d'objets sont doués de médiumnité. Mais ces particularités ne sont pas toujours d'une observation facile, et nous le répétons, le moyen le plus sûr de découvrir les médiums, c'est d'expérimenter avec eux.

Les médiums sont souvent des sensitifs

Ajoutons cependant que de Reichenbach, et, après lui, un grand nombre d'expérimentateurs, ont constaté que les personnes douées de médiumnité étaient généralement des *sensitifs*. Après expérience, nous avons acquis la certitude que cette observation est fondée. Nous faciliterons donc les recherches dans le choix des médiums, en citant quelques-uns des procédés préconisés par de Reichenbach pour découvrir les sensitifs.

L'auteur remarque qu'en réunissant en cône les doigts de chaque main et en plaçant les deux mains en regard, la personne douée de sensitivité « découvrira qu'en approchant lentement l'un de l'autre les sommets des cônes que forment ses deux mains, les bouts de ses doigts commencent, dès qu'ils sont à proximité, de 5 à 8 cm environ de distance, à provoquer en elle la sensation qu'ils ont comme une vague tendance à se réunir ; plus elle les rapproche dans ce mouvement, plus la sensation se précise ; et lorsqu'enfin l'intervalle n'est plus que de quelques millimètres, le sensitif a conscience qu'il ne pourrait plus arrêter ses mains, mais que, puisant leur force en elles-mêmes à la façon d'un ressort, elles lui échappent brusquement et complètement. Veut-il écarter aussitôt ses doigts les uns des autres, il observe que leurs extrémités ne semblent pas s'y prêter de plein gré, qu'il s'y manifeste une résistance très faible, mais pourtant sensible, comme si les sommets des cônes avaient entre eux une faible adhérence, et qu'il faut les contraindre à l'exécution en exerçant une véritable traction, si modeste soit-elle. Qu'il les laisse quelques minutes tranquillement au contact, il s'apercevra que l'attraction réciproque se relâche : bientôt, et sans difficulté, il pourra séparer les sommets des deux cônes. Mais cette phase du phénomène une fois atteinte, s'il persiste à laisser au contact ses mains pendant quelques minutes encore, la sensation primitive d'attraction se transforme pour lui en un véritable sentiment de répulsion ; prolonger le contact lui devient désagréable, et, peu à peu, la main tout entière en est péniblement affectée ; il se sent contraint d'éloigner l'un de l'autre ces cônes qui semblent se repousser. »

La clef qui tourne toute seule

Après avoir constaté que différents corps se mettent d'eux-mêmes en mouvement lorsqu'ils sont en contact, dans certaines conditions, avec les mains des *sensitifs,* de Reichenbach cite entre autres l'expérience suivante :

« *Clefs.* – Nous arrivons ici à quelques jeux populaires qui se transmettent de père en fils comme des énigmes ; je ne veux pas passer outre sans les expliquer. On place une clef commune, en fer, en équilibre au bout du médius, en la dirigeant de façon qu'elle s'étende au-dessus des trois autres doigts. Chez beaucoup de personnes, la clef gît immobile ; mais, chez beaucoup d'autres, avant qu'une minute se passe, elle se met en mouvement, elle tourne lentement en *dedans,* se dirigeant vers l'intérieur de la main, et peu à peu en arrive à se trouver tout entière au-dessus d'elle. Pourquoi cette expérience réussit-elle chez quelques-uns et pas chez d'autres ? Personne n'y comprend rien, et, comme on ne peut contrôler le phénomène, comme on ne peut savoir par suite si celui qui tient la clef ne provoque pas à son gré le mouvement et ne jette pas de la poudre aux yeux des spectateurs, on tourne la chose en dérision. Mais nous voyons bien ici que ce jeu d'enfants cache un sens profond. Dans les nombreuses expériences que j'ai répétées à ce sujet, j'ai acquis la certitude que cette rotation réussit seulement sur les doigts des sensitifs, et que ceux pour qui les clefs restent comme mortes, sont tout simplement des non-sensitifs. »

L'observation des symptômes qui se manifestent sous l'influence de l'application des mains sur les omoplates, l'attraction plus ou moins vive qui se produit lorsque l'opérateur retire lentement les mains, sont encore, nous le savons déjà, des indications très précises. Revenons maintenant à l'occultisme expérimental.

Préparez bien la réunion

On peut expérimenter dans n'importe quelle pièce, quel que soit l'ameublement. On ne tiendra aucun compte du choix de l'heure, pas plus que de la température ou de l'état du temps.

En vue de l'obtention de certains phénomènes, il est utile de préparer, dès les premières séances, un cabinet dans la pièce où l'on expérimente. Il suffit pour cela de tendre deux rideaux d'étoffe dans un angle. Ce cabinet devra être assez grand pour contenir un fauteuil destiné au médium.

De tous les instruments recommandés en vue des essais psychiques, la table est le meilleur. Sa forme importe peu, cependant une table rectangulaire, ayant quatre pieds, doit être préférée au guéridon monté sur un seul pied. Il ne faut pas fixer son choix sur une table trop lourde, les meilleurs résultats s'obtiennent toujours avec des tables légères. Certains auteurs attachent une importance déplacée à l'absence de métal dans la table. Nous ne nous sommes jamais aperçu que la présence de clous dans la table nuise en quoi que ce soit à la réussite des expériences, lorsqu'un médium se trouve dans l'assistance.

Les médiums se rencontrent indifféremment dans l'un ou l'autre sexe, et le nombre des assistants n'a aucune importance. On pourrait débuter, par exemple, par quatre ou cinq personnes ; plus ou moins, si l'on veut.

Est-ce une conscience collective ?

Contrairement à ce que les adeptes d'Allan Kardec soutiennent, rien ne nous oblige à voir dans les phénomènes psychiques, quels qu'ils soient, l'action d'entités étrangères aux assistants. Cependant, la force qui se manifeste paraît intelligente, et personnifie généralement un être imaginaire, vivant ou mort. Avec des spirites, la personnification se présente comme étant l'âme d'un mort ; avec des occultistes, ce sera un génie, un ange, un diable ; avec des personnes expérimentant sans idée préconçue, les communications prétendront émaner tout simplement des assistants eux-mêmes. Il est donc raisonnable de supposer qu'il en est ainsi, et d'admettre, avec le Docteur Maxwell, « qu'il se forme une sorte de conscience collective ».

Cette hypothèse d'une conscience collective fait immédiatement disparaître le ridicule qu'il y aurait de converser avec un être imaginaire. Elle nous permet de prendre au sérieux la personnification en la considérant comme une entité émanant des assistants et du médium. Les meilleurs résultats sont toujours obtenus lorsqu'on écoute ses avis et qu'on en tient compte.

Il est très important de désigner à l'avance une personne de l'assistance pour diriger les séances et converser avec la personnification. Bien des insuccès que l'on ne sait à quelle cause attribuer sont uniquement dus à l'absence de cette sage mesure. Qu'arrive-t-il le plus souvent ? Tout le monde parle à la fois, chacun demande des choses différentes, et, comme conclusion, on n'obtient rien. Alors, on se décourage, on cesse d'expérimenter et on finit par nier des phénomènes, pour la seule raison que l'on n'a pas su les produire.

Opérez en pleine lumière

Exposons maintenant les conditions de l'expérimentation proprement dite. Nous recommandons tout d'abord de chercher dès le début à provoquer les phénomènes en plein jour, ou en pleine lumière. (Bien entendu, ceci ne s'applique pas aux phénomènes lumineux. Il est évident que l'obscurité plus ou moins complète est la première condition de l'obtention de tels phénomènes.)

La chambre bien éclairée, les assistants s'asseoient dans n'importe quel ordre autour de la table et placent leurs mains à plat sur le plateau, les pouces et les petits doigts en contact (1). Il n'est pas nécessaire de garder le silence, on peut causer sans inconvénient. On peut même chanter, car la musique aide beaucoup à l'obtention des phénomènes.

Au bout de quelques instants, des craquements se font entendre dans la table, celle-ci s'agite et l'un de ses côtés se soulève.

Comment poser les questions ?

Le directeur du groupe s'adresse alors à la personnification et dit :

Si vous voulez vous manifester, frappez un coup.

Dans la majorité des cas, la table se soulève davantage et retombe assez brusquement. Le pied correspondant au côté soulevé frappe alors le plancher et un coup plus ou moins fort se fait entendre.

1. *Ainsi qu'on le verra un peu plus loin, les avis sont partagés en ce qui concerne le contact. L'expérimentation personnelle indiquera au lecteur de quel côté est la vérité, et s'il y a avantage ou inconvénient à établir ce contact.*

On convient ensuite d'un code de signaux :

1 coup pour a.

2 coups pour b.

3 coups pour c.

Et ainsi de suite pour chacune des lettres de l'alphabet. C'est le code typtologique.

Lorsqu'il y aura lieu de poser des questions sur le mode interrogatif et que la réponse à donner à ces questions sera simplement affirmative ou négative, on conviendra :

1 coup pour oui.

2 coups pour non.

Le directeur demande ensuite si les assistants sont bien placés. Dans le cas où la table répondrait par la négative, il la prie d'indiquer l'ordre dans lequel doivent se placer les expérimentateurs. L'assistance devra se conformer aux indications qui seront données.

Les mouvements de la table, lorsque les mains des assistants reposent sur elle, sont facilement explicables par l'hypothèse des mouvements inconscients, c'est-à-dire des mouvements que les assistants exécutent eux-mêmes sans le vouloir et sans le savoir. C'est un phénomène normal produit par nos propres contractions musculaires. En dehors de l'obtention de communications typtologiques révélant des faits inconnus de la conscience normale des expérimentateurs, ce phénomène n'offre aucun intérêt. Il faut donc amener la personnification à se manifester d'une autre façon, par exemple au moyen de coups frappés dans la table.

Lorsqu'on a bien exposé ce qu'on attend, on abandonne le code typtologique. La personnification étant généralement très suggestible, ceci suffira pour faire cesser les mouvements avec contact. La personnification se comporte absolument comme un *sujet* et les suggestions faites avec douceur et insistance sont toujours plus rapidement suivies d'effets que celles adressées sur un ton brutal de commandement.

L'être fictif qui prétend se manifester se montre parfois rebelle à certaines suggestions et fait preuve d'une volonté bien arrêtée. Il est bon, dans ce cas, de ne pas entrer en lutte avec lui et de suivre la direction qu'il donne.

Organisez plusieurs séances

Voyons maintenant l'expérimentation pratique.

A moins qu'il ne se trouve un bon médium dans l'assistance, plusieurs séances seront généralement nécessaires pour amener la personnification à se manifester au moyen de coups frappés dans la table. S'il arrive parfois de découvrir des médiums exceptionnels dès les premiers essais, il n'est pas rare non plus d'éprouver quelque difficulté dans leur recherche. Disons cependant que les bons médiums sont plus nombreux qu'on ne le croit généralement, et que l'opérateur persévérant en rencontrera certainement tôt ou tard.

Si, après une dizaine de séances, la personnification ne produit pas les phénomènes attendus, il faut éliminer peu à peu les assistants en les remplaçant au fur et à mesure jusqu'à ce que l'on découvre un véritable médium. C'est la table qui doit désigner les personnes à remplacer ainsi que le nom des remplaçants.

Le rôle du médium est déterminant

Lorsqu'un médium ordinaire se trouve dans l'assistance, les coups frappés se produisent à la deuxième ou troisième séance. Avec un bon médium, le phénomène se manifeste immédiatement et avec beaucoup d'intensité. Si la médiumnité est moyenne, les bruits sont d'abord faibles, mais ils augmentent peu à peu d'intensité. Les coups frappés ne résonnent pas uniquement sur le plateau de la table, ils se font encore entendre sur le plancher, les murs, le plafond, les meubles. Nous avons exposé déjà le procédé à employer pour les obtenir ; résumons-le ainsi ; après avoir, dans les séances préparatoires, proscrit les mouvements avec contact, après avoir exposé ce qu'on attend de la personnification, les assistants, assis autour de la table, laissent simplement reposer leurs mains sur le plateau.

Lorsque le phénomène a été obtenu, on soulève peu à peu les mains, les coups frappés continuent à se faire entendre. Ces coups frappés sont dus à une force intelligente, car ils sont susceptibles de se produire suivant la volonté des expérimentateurs. On peut, par exemple, obtenir des rythmes déterminés, faire accompagner une polka ou une valse chantée par l'assistance. On peut encore demander qu'ils répondent aux coups frappés par l'un des opérateurs et même qu'ils se fassent entendre à la fois sur la table, les murs et les meubles.

Il est possible d'obtenir des messages par l'intermédiaire des coups frappés. On a alors recours au code typtologique décrit plus haut.

Les observations du Colonel de Rochas

Le mouvement des tables a été étudié par de Reichenbach dans ses Conférences à l'Académie des Sciences de Vienne. Voici quelques-unes de ses observations citées par le Colonel de Rochas :

« Le mouvement des tables, découvert en Amérique, importé en Europe par le Docteur André, en 1852, par le canal de la *Gazette de Brême,* est, on peut le dire, un fait de notoriété publique. Les orages qu'il a déchaînés dans le monde civilisé, les façons différentes de le comprendre, les querelles, encore pendantes à l'heure actuelle, qu'il a suscitées, prouvent bien que le sujet n'est pas d'une absolue simplicité et qu'il cache en soi quelque mystère, qu'on n'a pu réussir encore à pénétrer. Aussi ne peut-il être trop tard, même aujourd'hui, pour le soumettre à un examen approfondi.

Comment Reichenbach expérimenta

« Tout d'abord, il est indispensable de briser la résistance qui barre la route à l'acceptation des faits simples et patents, et de confirmer la réalité du phénomène des tables tournantes à l'aide de preuves irréfutables. Ce sera moins difficile qu'on ne pourrait le croire, en deçà comme au-delà de l'Océan, après quinze années de vaines recherches sur ce sujet. Pour y arriver, je pris une table ronde, en sapin, d'un mètre de diamètre, surmontant un pied à trois branches. Sous chacun de ceux-ci, j'assujettis une boule en bois de quatre centimètres de diamètre, en vue d'aider la table à surmonter plus facilement les petites irrégularités que, dans son mouvement, elle pourrait rencontrer sur le plancher. Sur le pourtour et au bord du dessus de la table, je fis entailler huit cannelures de la largeur d'un doigt ; dans ces cannelures, je fourrai les extrémités de cordages de l'épaisseur du pouce ; chacun d'eux avait à peu près trente centimètres de long, et je les laissai retomber librement à égale distance les uns des autres. Ces cordages étaient vieux et mous. L'une de leurs extrémités s'adaptait exactement aux cannelures, et n'y était retenue que par l'effort supporté pour s'y enfoncer ; à la moindre traction, ils en sortaient, et, du bord de la table, tombaient sur le sol. Autour de la table se placèrent six personnes sensitives, hommes et femmes ; à chacune d'elles, je donnai à tenir par l'extrémité libre un ou deux cordages qu'elle saisissait à pleine main. Au bout de trois quarts d'heure, la table se mit à crépiter, sortit de son immobilité, puis, très régulièrement, se mit à tourner, d'abord lentement, puis avec une vitesse croissante, enfin avec violence, en courant tout autour de la chambre, comme il arrive d'ordinaire dans le phénomène connu.

Aucune fraude n'est ici possible

Dans cette expérience, il n'y a pas de main qui touche la table ; il ne peut donc se développer aucune action manuelle ; on ne pouvait pas davantage tirer sur les cordes lâches : d'abord, tout le monde l'aurait vu ; puis, surtout, les cordes n'étaient pas fixées à la table ; elles étaient simplement introduites, sans les serrer, dans les cannelures, de façon à en sortir et à tomber au moindre effort. Dans de pareilles conditions, il était donc absolument impossible qu'il pût se produire une poussée frauduleuse, et pourtant la table courait et tournait avec autant de régularité que lorsqu'on lui impose directement les mains. Nulle force humaine, capable d'agir mécaniquement, ne pouvait s'immiscer dans l'expérience ; il était impossible de recourir, comme explication, à une poussée arbitraire et préméditée ; pourtant, c'est un fait, la table tournait, ce qui prouve évidemment, que c'est à un autre agent, jusqu'ici inconnu et inobservé, qu'il faut attribuer ce mouvement. Il faut absolument qu'il en soit ainsi, car toute autre hypothèse est impossible. Ainsi tombent, une fois pour toutes, les objections relatives à l'action des mains provoquant frauduleusement une poussée. *La réalité de la rotation des tables et de la continuation du mouvement sous l'action d'une force qui leur est étrangère, est ainsi basée sur des faits exactement prouvés, et à l'abri de toute contestation.* »

Le contact des petits doigts serait inutile

De Reichenbach n'est pas partisan du contact des petits doigts et il en expose ainsi les raisons :

« Quand les tables tournantes ont fait leur apparition en Europe, on y procédait en superposant les petits doigts. Au début, on attachait minutieusement de la valeur à cet aimable procédé ; depuis, on a bien des fois trouvé qu'il n'y avait là qu'un accessoire inutile. Mais c'est un préjugé qui n'est pas encore détruit. »

Nous le répétons, les avis sont partagés en ce qui concerne l'opportunité du contact des petits doigts. La question n'est pas d'une grande importance, car, après expérience, nous sommes en mesure d'affirmer que le contact ou l'absence de contact sont loin d'exercer, dans l'obtention des phénomènes, l'influence que beaucoup annoncent. Nous recommandons donc au lecteur d'expérimenter tantôt avec contact, et tantôt sans contact. Il reconnaîtra que, dans le premier cas, les bons sensitifs sont plus facilement induits dans un état magnétique plus ou moins profond, ce qui facilite toujours l'obtention de phénomènes intellectuels. On peut, avec avantage, se dispenser du contact, lorsque l'on ne vise, comme de Reichenbach, que l'étude d'un seul phénomène physique : *le mouvement de la table.*

De Reichenbach préconise d'excellentes méthodes pour favoriser l'obtention de ce phénomène. Il est regrettable que les procédés qu'il recommande soient encore à l'heure actuelle si peu usités.

La méthode préconisée par Reichenbach

Voici le mode opératoire de l'auteur :

On met les mains nues à plat sur la table, la paume de la main en dessous, c'est-à-dire appliquée directement sur le dessus de la table, et en prenant toutes ses aises. Il vaut encore mieux ne pas appliquer les doigts à plat, mais les recourber sur la table, de façon que leurs extrémités ou même les ongles soient au contact de la table.

Pour gagner du temps

Rester assis inactifs tout autour de la table devient souvent fastidieux : aussi prise-t-on, fort généralement, tout ce qui peut abréger la séance. Voici comment on y arrive : chacun des opérateurs, avant de commencer, se prend les mains et les joint comme on fait d'habitude pour prier. Nombre de personnes ne supporteront pas longtemps cette position, qui leur causera bientôt dans les doigts des sensations désagréables. Ces sensations ne tarderont pas à affecter les mains tout entières, en y provoquant un développement pénible de chaleur ; elles remonteront le long des bras, avec menace de crampes chez plus d'un sujet ; enfin l'estomac même, la poitrine ou la tête en seront atteints, ce qui provoquera de l'oppression, du resserrement, de la douleur. Toutes les personnes qui présenteront ces symptômes sont de bons opérateurs ; ceux, au contraire, qui peuvent tenir longtemps leurs mains jointes, sans en ressentir de désagrément ou même avec plaisir, sont de mauvais opérateurs, et le mieux, c'est qu'ils se retirent de la chaîne. Lorsque les effets (sorétiques) pénibles se manifestent, il est temps d'imposer les mains à la table...

Grâce à ces mesures préparatoires, la table ne tardera pas à se mettre en mouvement.

Une erreur à éviter

Certains groupes d'études psychiques se servent uniquement du code typtologique dans le but de découvrir les personnes douées de médiumnité. A cet effet, les expérimentateurs forment la chaîne, comme il a été dit plus haut, et le directeur, après avoir posé les questions préliminaires, demande à la personnification de bien vouloir indiquer si des médiums se trouvent dans l'assistance. La réponse est généralement affirmative. On prie alors la personnification de désigner les personnes douées de médiumnité, en faisant pencher la table vers elles. Il n'est pas rare de voir la table désigner deux ou trois médiums. Sur la demande du directeur du groupe, la personnification promet les phénomènes les plus extraordinaires, et comme l'assistance prend le plus souvent ces communications au sérieux, on attend avec une impatience bien vive, la production des faits supranormaux promis. On multiplie les séances, mais les phénomènes ne se produisent pas ; on expérimente tous les jours, ils ne se montrent pas davantage. Alors on se décourage, on doute et on finit par abandonner l'expérimentation, sans songer à chercher de meilleurs médiums.

On ne devra jamais oublier que ce procédé (recommandé à tort par un grand nombre d'auteurs) a été, et malheureusement est encore l'unique cause de la plupart des échecs dans les essais d'obtention des phénomènes psychiques. Il faut se souvenir qu'un tel procédé ne simplifie absolument rien et n'a aucune valeur, car s'il n'y a pas de véritable médium dans le cercle, les mouvements inconscients des assistants en affirmeront quand même dans la majorité des cas.

Le meilleur moyen, nous disons mieux, le *seul moyen* de reconnaître les médiums véritables, c'est de remplacer les assistants dans les conditions qui ont été décrites, jusqu'à ce qu'un phénomène supranormal soit obtenu.

Agir d'une autre façon, c'est perdre du temps pour n'obtenir aucun résultat digne d'intérêt.

CHAPITRE DEUXIÈME

QUAND UN PRESTIDIGITATEUR JOUE AU SORCIER

Devant la vogue de l'occultisme à la fin du XIXe siècle et au début du XXe, il était naturel et important que des savants se penchent sur ces problèmes et que la méthode scientifique cherche à apporter quelque lumière sur tous ces phénomènes passionnants.

La première chose à faire avant même d'émettre des hypothèses sur la nature des phénomènes d'occultisme est de s'assurer qu'il n'y a pas eu de supercherie. Précisons tout d'abord que le succès des grands médiums a toujours amené d'habiles illusionnistes à prétendre qu'ils détenaient, eux aussi, des pouvoirs supra-normaux. La tentation était forte pour les prestidigitateurs habitués à créer l'illusion de se transformer en puissants médiums dont la presse parlerait, que le tout-Paris, le tout-Londres ou le tout-Boston s'arracherait.

Pour montrer à quel point un prestidigitateur expérimenté peut facilement faire croire à ses dons supra-normaux, relatons les magnifiques expériences que Robert-Houdin nous conte dans ses mémoires :

« Il fut convenu que je serais rendu à Alger pour le 27 septembre, jour où devaient commencer les grandes fêtes que la capitale de l'Algérie offre annuellement aux Arabes.

Une curieuse mission officielle

Je dois dire aussi que ce qui influença beaucoup ma détermination, ce fut de savoir que la mission pour laquelle on m'appelait en Algérie, avait un caractère quasi politique. J'étais fier, moi simple artiste, de pouvoir rendre un service à mon pays.

On n'ignore pas que le plus grand nombre des révoltes qu'on a eu à réprimer en Algérie, ont été suscitées par des intrigants qui se disent inspirés par le Prophète, et qui sont regardés par les Arabes comme des envoyés de Dieu sur la terre, pour les délivrer de l'oppression des *Roumi* (chrétiens).

Or, ces faux prophètes, ces saints marabouts qui, en résumé, ne sont pas plus sorciers que moi, et qui le sont même encore moins, parviennent cependant à enflammer le fanatisme de leurs coreligionnaires à l'aide de tours de passe-passe aussi primitifs que les spectateurs devant lesquels ils sont présentés.

Il importait donc au gouvernement de chercher à détruire leur funeste influence, et l'on comptait sur moi pour cela. On espérait, avec raison, faire comprendre aux Arabes, à l'aide de mes séances, que les tours de leurs marabouts ne sont que des enfantillages, et ne peuvent plus, en raison de leur naïveté, représenter les miracles d'un envoyé du Très-Haut ; ce qui nous conduisait aussi tout naturellement à leur montrer que nous leur sommes supérieurs en toutes choses, et que, en fait de sorciers, il n'y a rien de tel que les Français.

Il ne me suffisait pas d'amuser mes spectateurs, il fallait aussi, pour remplir le but de ma mission, les impressionner, les effrayer même par l'apparence d'un pouvoir surnaturel.

Mes batteries étaient dressées en conséquence : j'avais gardé pour la fin de la séance trois trucs qui devaient achever d'établir ma réputation de sorcier.

Lourd ou léger à mon commandement

Beaucoup de lecteurs se rappelleront avoir vu dans mes représentations un coffre petit, mais de solide construction, qui, remis entre les mains des spectateurs, devenait lourd ou léger à mon commandement. Un enfant pouvait le soulever sans peine, ou bien l'homme le plus robuste ne pouvait le changer de place.

Revêtu de cette fable, ce tour faisait déjà beaucoup d'effet. J'en augmentai considérablement l'action en lui donnant une autre mise en scène.

Je m'avançai, mon coffre à la main, jusqu'au milieu d'un praticable qui communiquait de la scène au parterre. Là, m'adressant aux Arabes :

– D'après ce que vous venez de voir, leur dis-je, vous devez m'attribuer un pouvoir surnaturel ; vous avez raison. Je vais vous donner une nouvelle preuve de ma puissance merveilleuse en vous prouvant que je puis enlever toute sa force à l'homme le plus robuste, et la lui rendre à ma volonté. Que celui qui se croit assez fort pour subir cette épreuve s'approche de moi. (Je parlais lentement afin de donner le temps aux interprètes de traduire mes paroles).

Un Arabe d'une taille moyenne, mais bien pris de corps, sec et nerveux comme le sont les hercules Arabes, monta avec assez de confiance près de moi.

– Es-tu bien fort, lui dis-je, en le toisant des pieds à la tête ?

– Oui, fit-il d'un air d'insouciance.

– Es-tu sûr de rester toujours ainsi ?

– Toujours.

– Tu te trompes, car en un instant, je vais t'enlever tes forces et te rendre aussi faible qu'un enfant. L'Arabe sourit dédaigneusement en signe d'incrédulité.

– Tiens, continuai-je, enlève ce coffre.

L'Arabe se baissa, souleva la boîte et me dit froidement :

– N'est-ce que cela ?

– Attends... répondis-je...

Plus faible qu'une femme !

Alors avec toute la gravité que m'imposait mon rôle, je fis du bras un geste, et prononçai solennellement ces paroles :

– Te voilà plus faible qu'une femme (1) essaie maintenant de lever cette boîte.

L'hercule, sans s'inquiéter de ma conjuration, saisit une seconde fois le coffret par la poignée, et donne une vigoureuse secousse pour l'enlever. Mais cette fois le coffre résiste, et, en dépit des plus vigoureuses attaques, reste dans la plus complète immobilité.

L'Arabe épuise en vain sur le malheureux coffret une force qui eût pu soulever un poids énorme, jusqu'à ce qu'enfin épuisé, haletant, rouge de dépit, il s'arrête, devient pensif, et semble commencer à comprendre l'influence de la magie.

Il est près de se retirer ; mais se retirer, c'est s'avouer vaincu, c'est reconnaître sa faiblesse, c'est être moins qu'un enfant, lui dont on respecte la vigueur musculaire.

Cette pensée le rend presque furieux.

Puisant de nouvelles forces dans les encouragements que ses amis lui adressent du geste et de la voix, il promène sur eux un regard qui semble leur dire : vous allez voir ce que peut un enfant du désert.

1. *Aux yeux des Arabes c'est le dernier degré de faiblesse.*

Il se baisse de nouveau vers le coffre ; ses mains nerveuses s'enlacent dans la poignée, et ses jambes placées de chaque côté comme deux colonnes de bronze, serviront d'appui à l'effort suprême qu'il va tenter. Nul doute que sous cette puissante action la boîte ne vole en éclats.

Un cri de douleur

O prodige ! Cet hercule tout à l'heure si puissant et si fier, courbe maintenant la tête ; ses bras rivés au coffre cherchent dans une violente contraction musculaire à se rapprocher de sa poitrine ; ses jambes fléchissent, il tombe à genoux en poussant un cri de douleur.

Une secousse électrique produite par un appareil d'induction, venait à un signal donné par moi, d'être envoyée du fond de la scène à la poignée du coffre. De là les contorsions du pauvre Arabe.

Faire prolonger cette commotion eût été de la barbarie.

Je fis un second signal et le courant électrique fut aussitôt interrompu. Mon athlète dégagé de ce lien terrible, lève les mains au-dessus de sa tête :

– Allah ! Allah ! s'écrie-t-il plein d'effroi. Puis s'enveloppant vivement dans les plis de son burnous, comme pour cacher sa honte, il se précipite à travers les rangs des spectateurs et gagne la porte de la salle.

A l'exception des loges d'avant-scène et des spectateurs privilégiés, qui paraissaient prendre un grand plaisir à cette expérience, mon auditoire était devenu grave et sérieux, et j'entendais les mots *Chitan, Djenoun* (Satan, Génie) circuler sourdement parmi ces hommes crédules qui, tout en me regardant, semblaient s'étonner de ce que je ne possédasse aucun des caractères physiques que l'on prête à l'ange des ténèbres.

Je laissai quelques instants le public se remettre de l'émotion produite par mon expérience et par la fuite de l'hercule Arabe. Après quoi je passais au tour suivant.

Les marabouts invulnérables

Un des moyens employés par les marabouts pour se grandir aux yeux des Arabes et établir leur domination, c'était de faire croire à leur invulnérabilité.

L'un d'eux entre autres faisait charger un fusil qu'on devait tirer sur lui à une courte distance. Mais en vain la pierre lançait-elle des étincelles ; le marabout prononçait quelques paroles cabalistiques, et le coup ne partait pas.

Le mystère était simple : l'arme ne faisait pas explosion, parce que le marabout en avait habilement bouché la lumière.

Le colonel de Neveu m'avait fait comprendre l'importance de discréditer un tel miracle en lui opposant un tour de prestidigitation qui lui fût supérieur.

J'avais mon affaire pour cela.

Mon défi

J'annonçai aux Arabes que je possédais un talisman pour me rendre invulnérable, et que je défiais le meilleur tireur de l'Algérie de m'atteindre.

J'avais à peine terminé ces mots, qu'un Arabe qui s'était fait remarquer depuis le commencement de la séance par l'attention qu'il prêtait à mes expériences, enjamba quatre rangées de stalles, traversa l'orchestre en bousculant flûtes, clarinettes et violons, escalada la scène, non sans se brûler à la rampe, et une fois arrivé me dit en français :

– Moi, je veux te tuer.

Un immense éclat de rire accueillit et la pittoresque ascension de l'Arabe et ses intentions meurtrières, en même temps qu'un interprète, qui se trouvait peu éloigné de moi, me faisait connaître que j'avais affaire à un marabout.

– Toi, tu veux me tuer, lui dis-je en imitant le son de sa voix et de son accent, eh bien ! moi, je te réponds que, si sorcier que tu sois, je le serai encore plus que toi, et que tu ne me tueras pas.

Je tenais en ce moment un pistolet d'arçon à la main ; je le lui présentai.

– Tiens, prends cette arme, assure-toi qu'elle n'a subi aucune préparation.

Je te tuerai, me dit-il...

L'Arabe souffla plusieurs fois par le canon, puis par la cheminée, en recevant l'air sur sa main, pour s'assurer qu'il y avait bien communication de l'une à l'autre, et après avoir examiné l'arme dans tous ses détails :

– Le pistolet est bon, dit-il, et je te tuerai.

– Puisque tu y tiens et pour plus de sûreté, mets double charge de poudre et une bourre par-dessus.

– C'est fait.

– Voici maintenant une balle de plomb ; marque-la avec un couteau, afin de pouvoir la reconnaître, et mets-la dans le pistolet en la recouvrant d'une seconde bourre.

– C'est fait.

– Tu es bien sûr maintenant que ton arme est chargée, et que le coup partira. Dis-moi, n'éprouves-tu aucune peine, aucun scrupule à me tuer ainsi, quoique je t'y autorise ?

– Non, puisque je veux te tuer, répéta froidement l'Arabe.

Sans répliquer, je piquai une pomme sur la pointe d'un couteau, et me plaçant à quelques pas du marabout, je lui commandai de faire feu.

– Vise droit au cœur, lui criai-je.

Le coup partit

Mon adversaire ajusta aussitôt sans marquer la moindre hésitation.

Le coup partit, et le projectile vint se planter au milieu de la pomme.

J'apportai le talisman à l'Arabe qui reconnut la balle marquée par lui.

Je ne saurais dire si cette fois la stupéfaction fut plus grande que dans le tour précédent. Ce que je pus constater, c'est que les spectateurs ahuris, en quelque sorte, par la surprise et l'effroi, se regardaient en silence et semblaient se dire dans un muet langage : où diable nous sommes-nous fourrés ?

Bientôt une scène plaisante vint dérider grand nombre de physionomies. Le marabout, quelque stupéfait qu'il fût de sa défaite, n'avait point perdu la tête ; profitant du moment où il me rendait le pistolet, il s'empara de la pomme, la mit immédiatement dans sa ceinture, et ne voulut à aucun prix me la rendre, persuadé qu'il était, sans doute, d'avoir là un incomparable talisman. Dieu veuille pour lui que depuis il ne l'ait pas mis à l'épreuve !

Pour le dernier tour de ma séance, j'avais besoin du concours d'un Arabe.

A la sollicitation de quelques interprètes, un jeune Maure d'une vingtaine d'années, grand, bien fait et revêtu d'un riche costume, consentit à monter sur le théâtre. Plus hardi ou plus civilisé sans doute que ses camarades de la plaine, il s'avança résolument près de moi.

Je le fis approcher de la table qui était au milieu de la scène, et lui montrai ainsi qu'aux autres spectateurs qu'elle était mince et parfaitement isolée. Après quoi, et sans autre préambule, je lui dis de monter dessus, et je le couvris d'un énorme gobelet d'étoffe ouvert par le haut.

Attirant alors ce gobelet et son contenu sur une planche, dont mon domestique et moi nous tenions les deux extrémités, nous nous avançons jusqu'à la rampe avec notre lourd fardeau, et là, par un brusque mouvement, nous renversons le tout... L'Arabe avait disparu ; le gobelet était entièrement vide !

Une panique indicible

Alors commença un spectacle que je n'oublierai jamais.

Les Arabes avaient été tellement impressionnés par ce dernier tour, que, poussés par une terreur indicible, ils se lèvent dans toutes les parties de la salle, et se livrent instantanément aux évolutions d'un sauve-qui-peut général.

La foule est surtout compacte et animée aux portes du balcon, et l'on peut juger à la vivacité des mouvements et au trouble des grands dignitaires qu'ils sont les premiers à vouloir quitter la salle.

Vainement l'un d'eux, le caïd des *Beni-Salah,* plus courageux que ses collègues, cherche à les retenir par ces paroles.

– Arrêtez ! arrêtez ! nous ne pouvons laisser perdre ainsi l'un de nos coreligionnaires ; il faut absolument savoir ce qu'il est devenu et ce qu'on en a fait. Arrêtez !... arrêtez !

Bast ! les coreligionnaires n'en fuient que de plus belle, et bientôt le courageux caïd, entraîné lui-même par l'exemple, suit le torrent des fuyards.

Ils ignoraient ce qui les attendait à la porte du théâtre.

A peine avaient-ils descendu les degrés du péristyle qu'ils se trouvèrent face à face avec le *Maure ressuscité.*

Le premier mouvement d'effroi passé, on entoure notre homme, on le tâte, on l'interroge ; mais, ennuyé de ces questions multipliées, il ne trouve rien de mieux à faire que de se sauver à toutes jambes.

Le lendemain, la deuxième représentation eut lieu devant une autre assemblée d'Arabes et produisit à peu de chose près les mêmes effets que la première.

Robert-Houdin a raconté comment il réalisait le tour du petit coffre. Sous le plancher de la scène se trouvait un très puissant électro-aimant. Il suffisait de faire passer le courant dans celui-ci pour exercer sur le métal du coffre une attraction telle que personne ne pouvait plus le soulever.

Quant à l'autre tour, il nous l'explique plus loin. Après ses succès à Alger, Robert-Houdin et son épouse, entreprennent un grand voyage à l'intérieur du pays. Ils avaient reçu de nombreuses invitations notamment chez Bou-Allem, un Caïd qui parlait très bien le français.

Une soirée chez Bou-Allem

Le soir, Bou-Allem organise une réception en l'honneur de ses hôtes français et y convie les personnages les plus importants de sa tribu. Après le dîner, Robert-Houdin fait quelques tours de prestidigitation devant Bou-Allem et le marabout de la tribu.

Laissons Robert-Houdin nous raconter la suite :

« Les assistants furent émerveillés. Toutefois quelques-uns d'entre eux faisaient rouler les grains de leur chapelet avec une vivacité qui témoignait d'une certaine agitation de leur esprit ; le marabout fronçait le sourcil sans mot dire. Je vis qu'il machinait quelque mauvais tour.

– Je crois maintenant à ton pouvoir surnaturel, me dit-il, tu es un véritable sorcier ; aussi j'espère que tu ne craindras pas de répéter ici un tour que tu as fait sur ton théâtre.

Et me présentant aussitôt deux pistolets qu'il tenait cachés sous son burnous :

– Tiens, choisis-une de ces armes, nous allons la charger, et je tirerai sur toi. Tu ne dois rien craindre puisque tu sais parer les coups.

J'avoue que je fus un instant interdit. Je ne pouvais avouer mon incapacité dans cette circonstance sans perdre le prestige qui s'était attaché à toutes les expériences de ma séance. Je cherchais un subterfuge et je n'en trouvais pas. Tous les yeux étaient fixés sur moi, et l'on attendait une réponse.

Le marabout était triomphant.

Bou-Allem qui savait que mes tours n'étaient que le résultat de l'adresse, se montra mécontent qu'on osât ainsi tourmenter son hôte ; il en fit des reproches au marabout.

Je l'arrêtai : il m'était venu une idée qui pouvait me sortir d'embarras, du moins pour le moment. M'adressant alors à mon adversaire :

– Tu n'ignores pas, lui dis-je avec assurance, que pour être invulnérable, j'ai besoin d'un talisman. Malheureusement je l'ai laissé à Alger.

Demain tu pourras tirer sur moi

Le marabout se mit à rire d'un air d'incrédulité.

– Cependant, continuai-je, je puis, en restant six heures en prières, me passer de talisman et braver ton arme. Demain matin, à huit heures, je te permettrai de tirer sur moi en présence même des Arabes qui sont ici témoins de ton défi.

Bou-Allem étonné d'une telle promesse, s'assura encore près de moi si cette scène était sérieuse et s'il devait convoquer la société pour l'heure indiquée.

Sur mon affirmation, on se donna rendez-vous devant un banc de pierre.

Je ne passai pas la nuit en prières, comme on doit le croire, mais j'employai deux heures environ à assurer mon invulnérabilité ; puis, satisfait de mon succès ; je m'endormis de grand cœur, car j'étais horriblement fatigué.

A huit heures, le lendemain, nous avions déjà déjeuné, nos chevaux étaient scellés, notre escorte attendait le signal du départ qui devait avoir lieu après la fameuse expérience.

Non seulement personne ne manqua au rendez-vous, mais un grand nombre d'Arabes vinrent encore grossir le groupe des assistants.

On présenta les pistolets. je fis remarquer que la lumière n'était point bouchée. Le marabout mit une bonne charge de poudre dans le canon et le bourra.

Parmi les balles apportées, j'en fis choisir une que je mis ostensiblement dans le pistolet, et qui fut également couverte de papier.

L'Arabe contrôlait tous mes mouvements ; il y allait de son honneur.

On procéda pour le second pistolet comme pour le premier, puis vint enfin le moment solennel.

Je craignais une erreur

Solennel, en effet, pour tout le monde ! Pour les assistants, incertains du résultat de l'expérience ; pour Mme Robert-Houdin qui m'avait vainement supplié de renoncer à ce tour, dont elle redoutait l'exécution ; et solennel aussi pour moi, car mon nouveau truc ne reposant sur aucun des procédés employés à Alger dans pareille circonstance, je craignais une erreur, une trahison, que sais-je ?

Toutefois j'allai me placer à quinze pas sans témoigner la moindre émotion.

Le marabout se saisit aussitôt de l'un des deux pistolets, et au signal que je donne, il dirige sur moi son arme avec une attention toute particulière.

Le coup part, et la balle paraît entre mes dents.

Irrité plus que jamais, mon rival veut se précipiter sur l'autre pistolet ; plus leste que lui, je m'en empare.

– Tu n'as pu parvenir à me blesser, lui dis-je ; tu vas juger maintenant si mes coups sont plus redoutables que les tiens. Regarde ce mur.

Je lâchai la détente, et sur la muraille nouvellement blanchie, apparut une large tache de sang à l'endroit même où le coup avait porté.

Le marabout s'approcha, trempa son doigt dans cette empreinte rouge et, le portant à sa bouche, il s'assura en goûtant que c'était véritablement du sang. Quant il en eut acquis la certitude, ses bras retombèrent et sa tête se pencha sur sa poitrine, comme s'il eût été anéanti.

Il était évident qu'en ce moment il doutait de tout, même du Prophète.

Les assistants levaient les mains au ciel, marmotaient des prières et me regardaient avec une sorte d'effroi.

Cette scène était le *coup de fouet* de ma séance de la veille ; je fis comme au théâtre, je me retirai, en laissant les spectateurs aux impressions qu'ils en avaient reçues. Nous prîmes congé de Bou-Allem et de son fils, et nous partîmes au galop.

Comment j'avais réalisé ce prodige

Le tour dont je viens de donner les détails, si curieux qu'il soit, est assez facile à préparer. Je vais en donner la description, en racontant le travail qu'il m'avait nécessité.

Aussitôt que je fus seul dans ma chambre, je tirai de ma boîte à pistolets, qui ne me quitte jamais dans mes voyages, un moule à fondre des balles.

Je pris une carte, j'en relevai les quatre bords, et j'en fis une sorte de récipient, dans lequel je mis un morceau de stéarine pris sur une des bougies qu'on nous avait laissées. Quand la stéarine fut fondue, j'y mêlai un peu de noir de fumée que j'avais obtenu en mettant une lame de couteau au-dessus de la lumière, puis je coulai cette composition dans mon moule à balles.

Si j'avais laissé refroidir entièrement le liquide, la balle eût été pleine et solide, mais après une dizaine de secondes environ, je renversai le moule, et la portion de la stéarine qui n'était pas encore solidifiée sortit et laissa dans l'instrument une balle creuse. Cette opération est du reste la même que celle employée pour faire les cierges ; l'épaisseur des parois dépend du temps qu'on a laissé le liquide dans le moule.

Je l'emplis de sang

J'avais besoin d'une seconde balle ; je la fis un peu plus solide que la première. Je l'emplis de sang, et je bouchai l'ouverture avec une goutte de stéarine. Un Irlandais m'avait autrefois montré un petit tour d'invulnérabilité qui consiste à faire sortir du sang du pouce sans éprouver de douleur ; j'avais profité de ce procédé pour emplir ma balle.

On ne saurait croire combien ces projectiles, ainsi préparés, imitent le plomb ; c'est à s'y méprendre, même de très près.

D'après cela, le tour doit facilement se comprendre. En montrant la balle de plomb aux spectateurs, je l'avais échangée contre ma balle creuse, et c'est cette dernière que j'avais mise ostensiblement dans le pistolet. En pressant fortement la bourre, la stéarine s'était cassée en petits morceaux qui ne pouvaient m'atteindre à la distance où je m'étais placé.

Au moment où le coup de pistolet s'était fait entendre, j'avais ouvert la bouche pour montrer la balle de plomb que je tenais entre mes dents. Le second pistolet contenait la balle remplie de sang qui, en s'aplatissant sur le mur, y avait laissé son empreinte, tandis que les morceaux avaient volé en éclats. »

Voilà comment un habile illusionniste peut paraître posséder des facultés hors du commun, mais Robert Houdin était foncièrement honnête et il s'est toujours présenté comme un maître de la prestidigitation, titre qui lui valut suffisamment de gloire et de prestige.

Il serait trop long de faire ici la liste des supercheries très nombreuses qui furent découvertes à l'occasion d'expériences spirites. Nous allons voir, au contraire, dans le chapître suivant les cas où toute fraude semble être écartée.

CHAPITRE TROISIÈME

LES EXPÉRIENCES D'UN GRAND SAVANT FACE AU SPIRITISME

Des savants brillants, habitués à la méthode cartésienne et au positivisme de *Comte,* des savants ayant l'habitude de tout examiner à la lueur de leur esprit critique, ont étudié l'occultisme et en ont tiré des conclusions très nettes. Citons parmi tant d'autres, le Professeur *Charles Richet,* le Professeur *William Crookes,* l'astronome *Camille Flammarion.* Comment de tels savants ont-ils appréhendé le problème de l'occultisme ? A quelles expériences se sont-ils livrés, et dans quelles conditions, pour étudier la réalité ou la non-existence des phénomènes occultes ? Nous avons retenu à titre d'exemple, les expériences de spiritisme que *William Crookes* a effectuées *chez lui* avec le très grand médium *Douglas Home.* Le texte qui suit est tiré des notes personnelles que le grand savant a publiées.

Recherche sur les phénomènes « spirites »

Voici quatre ans que j'explore, tel un étranger dans des terres lointaines un domaine scientifique presque vierge.

Mon ambition serait de pouvoir trouver l'action

de lois et de forces naturelles là où d'autres ne voient que l'intervention capricieuse de dieux offensés.

Le sujet est beaucoup plus vaste et difficile qu'il n'y paraît. Lorsque, il y a quatre ans, j'entrepris de soumettre à l'examen des phénomènes « surnaturels », j'assistai à de tels faits que je me sentis obligé, en tant que scientifique, de poursuivre ces recherches aussi loin qu'elles pourraient me mener.

Si bien qu'une partie de ma vie y fut consacrée.

Pour pouvoir approcher en pleine confiance, les personnes possédant la faculté qui était l'objet de mes études, j'ai dû surmonter de grands obstacles tenant à ma qualité d'enquêteur. Le spiritisme est en effet une religion. Les médiums sont jalousement gardés par leur famille et leurs adeptes. Un esprit critique au sein de ces réunions cérémoniales leur semble une véritable profanation. Dans quelques occasions, il me fut permis, il est vrai, d'imposer des conditions excluant une intervention des personnes présentes.

J'ai amassé une telle masse de documents que ceux que je présente ici ne sont qu'une esquisse de l'ensemble de mes travaux.

Quelques expériences

Malgré le petit nombre de personnes en présence desquelles se produisent des phénomènes et la difficulté d'utiliser des appareils préparés à l'avance, j'ai eu la chance de réaliser plusieurs expériences à caractère scientifique, paraissant établir l'existence d'une force inconnue inhérente à l'esprit humain.

De toutes les personnes douées de cette force psychique, que l'on appelle des médiums, M. Douglas

Home est la plus remarquable et j'ai eu la chance de pouvoir faire mes recherches en sa présence.

On peut classer ces expériences en plusieurs catégories : émissions de bruits, modification du poids d'un corps et phénomènes visuels.

Un prodigieux accordéon

Parmi les remarquables phénomènes qui se produisent sous l'influence de M. Home, voici tout d'abord, celle de l'accordéon. La réunion eut lieu le soir, dans une grande chambre éclairée. Les appareils destinés à constater les mouvements d'un accordéon consistaient en une cage cylindrique autour de laquelle étaient enroulés plusieurs mètres de fils de cuivre. M. Home n'avait ni vu ni touché l'accordéon avant de venir chez moi. Il s'assit en face de la table sous laquelle était placée la cage, entouré de deux observateurs dont l'un avait les pieds posés sur les siens pour en contrôler les mouvements. Prenant l'accordéon entre le pouce et l'index, M. Home l'introduisit dans la cage. Bientôt les observateurs virent l'accordéon s'allonger et se balancer de façon étrange, des sons en sortirent, et enfin des notes furent jouées distinctement. Ce qui suivit fut encore plus frappant : M. Home éloigna entièrement sa main de la cage et l'instrument continua de jouer, personne ne le touchant. Lorsque M. Home remit sa main sur l'accordéon une mélodie plaintive s'éleva de la cage.

Modifiant le poids d'un objet

Aussi étonnantes furent les expériences concernant l'altération du poids. Mon premier appareil consistait en une planche d'acajou. A chaque bout, une bande du même bois était vissée et formait pied. L'une des extrémités de la planche reposait sur une table solide, tandis que l'autre était supporté par une balance à ressort, suspendue à un fort trépied. La balance était munie d'un index enregistreur, de manière à indiquer le maximum du poids marqué par l'aiguille. L'appareil était ajusté de telle sorte que la planche d'acajou était horizontale, son pied reposant à plat sur le support. L'appareil avait été mis en place avant que M. Home ne pénétrât dans la pièce et nous étions présents lorsqu'il s'était habillé. Je suis donc en mesure de dire qu'il n'avait pu dissimuler aucun appareil sur lui. Un éminent physicien et un docteur en droit étaient présents et peuvent témoigner des faits cités. Pendant la plus grande partie de la soirée, des assistants lui tenaient les pieds. M. Home plaça légèrement la pointe de ses doigts sur l'extrémité de la planche qui reposait sur le support pendant que nous épions les effets. Presque immédiatement, nous vîmes l'aiguille de la balance qui descendait et remontait. Ce mouvement se répéta plusieurs fois. Puis M. Home, de son propre mouvement, prit une sonnette et une boîte d'allumettes qui se trouvaient près de lui et plaça ces objets sous chacune de ses mains pour nous montrer, disait-il, qu'il n'exerçait aucune pression. L'oscillation devint plus marquée. La poussée supplémentaire représentait le double du poids de la planche. Afin de voir s'il était possible de produire le même effet, en exerçant une pression à l'endroit où M. Home avait mis ses mains, je me tins sur un pied à l'extrémité de la planche. Le poids du corps entier faisait fléchir l'aiguille moitié moins que la puissance psychique du médium.

J'utilisai plus tard le même appareil amélioré d'un système consistant en une feuille de verre noircie à la fumée, mue par un mécanisme d'horlogerie le faisant passer horizontalement devant une aiguille. Lorsque la balance est au repos, la ligne tracée est parfaitement horizontale. L'instrument pouvait indiquer une augmentation aussi bien qu'une diminution du poids. A l'extrémité où M. Home avait posé ses mains, un pot de verre rempli d'eau avait été placé. Au-dessus de ce pot était placé un vase de cuivre maintenu par une tige d'acier de telle sorte que ce vase plongeât à moitié dans l'eau.

Le fond du vase est percé de trous. Le but de cet ensemble compliqué est d'éliminer tout pouvoir de faire bouger l'aiguille indiquant le poids par l'action de la force musculaire.

Ses doigts dans l'eau

Tout d'abord, M. Home fut prié de mettre ses mains dans l'eau du pot de verre. Lorsqu'il dit qu'il sentait un pouvoir, je mis en marche le mouvement d'horlogerie. Immédiatement on vit l'autre extrémité de la planche descendre et rester ainsi abaissée pendant dix secondes, ce qui se traduisit par une courbe très nette tracée sur le noir de fumée attestant ce que nous avions vu. Une autre fois, alors que son pouvoir se révélait plus fort qu'à l'accoutumée, M. Home fut placé à un mètre de l'appareil, ses pieds et ses mains étant solidement tenus. La planche descendit et remonta, traçant une courbe, ainsi que précédemment.

Une apparition

En ce qui concerne les phénomènes ayant trait à l'apparition de formes humaines, nulle possibilité pour moi de prouver de façon aussi scientifique ce dont je témoigne. Mais j'ai pu décrire cette apparition dans ses moindres détails, répéter le nom qu'elle s'est elle-même donné, « Katie », attester que cette apparition se fait, alors même que le médium Mlle Cook est dans la pièce voisine, et qu'une personne peut affirmer, l'ayant surveillée, qu'elle n'a pas bougé. A défaut des témoins qui ont suivi ces phénomènes depuis leurs débuts, qu'il me soit permis à moi, qui n'ai été admis que tardivement, d'exposer les faits dont j'ai été témoin.

La séance se tenait dans un salon, séparé d'une chambre par un rideau. Dans cette chambre se tenait l'assistance. Après qu'on eut examiné les fermetures de la pièce, Mlle Cook pénétra dans le salon. Au bout de quelque temps, une forme apparut, celle de « Katie », mais elle se retira bientôt, en disant que son médium n'était pas bien. Nous pouvions en effet entendre les plaintes émises par Mlle Cook de l'autre côté du rideau.

Un corps très matériel

Durant une autre séance, après que Katie nous ait parlé un moment, elle se retira de l'autre côté du rideau. Au bout d'un moment elle revint et m'ordonna : « Soulevez mon médium, il est tombé à terre ». Elle était vêtue de blanc et portait un turban. En effet, Mlle Cook avait glissé. Je la remis sur le canapé et j'eus la satisfaction de constater qu'elle portait son costume ordinaire de velours noir. Une autre fois, j'eus la possibilité de la serrer dans mes bras, constatant ainsi que le « fantôme » avait un corps très matériel.

Katie dit alors qu'elle se sentait capable de se

montrer en même temps que Mlle Cook. J'entrai donc dans la pièce où se tenait le médium, complètement insensible. La pièce était plongée dans l'obscurité, mais je m'étais muni d'une lampe à phosphore. Élevant la lampe, je regardai autour de moi et vis Katie qui se tenait debout tout près de Mlle Cook. Elle était vêtue d'une draperie blanche et flottante comme nous l'avions déjà vue. Elle ne parla pas, mais elle remua la tête en signe de reconnaissance. Mlle Cook fit un léger mouvement et Katie me fit signe de partir.

Pendant que je prenais une part active à ces séances, la confiance qu'avait en moi Katie augmentait et bientôt elle ne voulut plus donner de séance à moins que je ne me chargeasse des dispositions. Dès que cette confiance fut établie, les phénomènes augmentèrent d'intensité au point que j'obtins des preuves étonnantes de ces apparitions, notamment des photographies. L'une des plus intéressantes représente Katie à mes côtés. J'eus ainsi l'occasion de comparer la physionomie de Mlle Cook avec la sienne. Katie est plus grande et sa silhouette diffère étonnamment de celle du médium. Mais la photographie est aussi impuissante à décrire la beauté parfaite du visage de Katie que les mots le sont à décrire le charme de ses mouvements. Comment traduire l'expression sans cesse changeante de ses traits, tantôt voilés de tristesse, tantôt souriants avec toute l'innocence d'une jeune fille.

Je vais maintenant décrire toutes les catégories de faits supranormaux que j'ai pu observer. Je vais vous décrire la série des expériences réalisées chez moi, en présence de témoins dignes de foi, et sous les conditions de contrôle les plus sévères que j'aie pu imaginer. De plus, chaque fait que j'ai observé est corroboré par des observateurs indépendants qui l'ont constaté en d'autres temps et en d'autres lieux. On verra que tous ces faits ont le caractère le plus surprenant, et qu'ils semblent tout à fait inconciliables avec toutes les théories connues de la science moderne.

En pleine lumière

D'abord je dois rectifier une ou deux erreurs qui se sont profondément implantées dans l'esprit du public. L'une est la nécessité de l'obscurité. Or, excepté quelques cas, dont les apparitions lumineuses, tout ce que je rapporte s'est déroulé en pleine lumière. Dans les quelques cas où les phénomènes décrits se sont produits dans l'obscurité, j'ai eu bien soin de le mentionner ; de plus, lorsque quelque raison particulière a exigé l'exclusion de la lumière, les résultats qui se sont manifestés l'ont été sous des conditions de contrôle si parfaites, que la suppression d'un de nos sens n'a réellement pas pu affaiblir la preuve fournie.

Une autre erreur, qui est commune, consiste à croire que les manifestations ne peuvent se produire qu'à certaines heures et qu'en certains lieux – chez le médium, ou à des heures convenues à l'avance – et partant de cette supposition erronée, on a établi une analogie entre les phénomènes appelés spirituels et les tours d'adresse des « prestidigitateurs » opérant sur leur propre théâtre avec leur propre matériel.

Chez moi avec mes amis

Pour faire voir combien tout cela est loin d'être vrai, il me suffit de dire, qu'à part quelques rares exceptions, les centaines de faits que je me prépare à attester, – faits qui, pour être imités par les moyens physiques ou mécaniques connus, défieraient l'habileté d'un Houdin, d'un Bosco, d'un Anderson, appuyée de toutes les ressources d'un matériel ingénieux et de leur pratique pendant de longues années, – ces centaines de faits, dis-je, ont tous eu lieu dans ma propre maison, aux époques désignées par moi, et dans des circonstances qui excluaient absolument l'emploi et l'aide du plus simple instrument.

Une troisième erreur est celle-ci : c'est que le médium doit choisir son cercle d'amis et de compagnons qui doivent assister à sa séance ; que ces amis doivent être fermement convaincus de la réalité des phénomènes ; qu'on impose à toute personne dont l'esprit est critique des conditions telles qu'elles empêchent complètement toute observation soigneuse, et facilitent la supercherie et la fraude. A cela je puis répondre et affirmer qu'à l'exception des quelques cas très peu nombreux où les motifs d'exclusion ne servaient pas de voile à la tromperie, j'ai composé moi-même mon cercle d'amis, j'ai introduit tous les incrédules qu'il m'a plu d'introduire, et j'ai généralement imposé mes propres conditions choisies avec soin par moi-même, pour éviter toute possibilité de fraude. M'étant rendu compte peu à peu de quelques-unes des conditions qui facilitaient l'apparition des phénomènes, mes recherches ont généralement été couronnées d'un succès égal, et même, dans bien des cas, supérieur à celui qui avait été obtenu dans d'autres occasions où, à raison de fausses idées sur l'importance de quelques pratiques insignifiantes, les conditions imposées pouvaient rendre la découverte de la fraude moins facile.

J'ai dit que l'obscurité n'est pas essentielle. Cependant c'est un fait bien reconnu que, lorsque la force est faible, une lumière vive exerce une action qui contrarie quelques-uns des phénomènes. La puissance de M. Home est assez grande pour surmonter cette influence contraire ; aussi n'admet-il pas l'obscurité pour ses séances. J'affirme, qu'excepté en deux occasions où, pour quelques expériences que je faisais, la lumière a été supprimée, tout ce dont j'ai été témoin a été produit par lui en pleine clarté. J'ai eu maintes occasions d'essayer l'action de la lumière provenant de différentes sources et de couleurs variées : lumière du soleil, lumière diffuse, clair de lune, gaz, lampe, bougie, lumière électrique, lumière jaune halogène, etc.

Je vais maintenant procéder à la classification des phénomènes que j'ai observés, en procédant des plus simples aux plus complexes, et en donnant rapidement, dans chaque chapitre, un aperçu de quelques-uns des faits que je vais avancer.

1re catégorie : mouvements d'objets avec contacts, mais sans effort mécanique

C'est là une des formes les plus simples des phénomènes que j'ai observés. Elle varie en degrés depuis l'ébranlement ou le tremblement d'une chambre et de son contenu, jusqu'à élever réellement dans l'air un corps pesant, quand la main est placée dessus. On peut objecter à cela que quand on touche une chose qui est en mouvement il est possible de la pousser, de la tirer, ou de la soulever ; j'ai prouvé par expérience que dans de nombreux cas cela n'a pas pu avoir lieu : mais de toute façon, j'attache très peu d'importance à cette classe de phénomènes, et je ne les mentionne que comme préliminaires à d'autres mouvements du même genre, mais produits sans contact.

2e catégorie : phénomènes auditifs

Le nom populaire de raps (coups frappés) donne une idée très fausse de ce genre de phénomènes. A différentes reprises, pendant mes expériences, j'ai entendu des coups délicats qu'on eût dit produits par la pointe d'une épingle, une cascade de sons perçants, des détonations dans l'air, de légers bruits métalliques aigus, des craquements, des sons qui ressemblaient à des grattements, des gazouillements comme ceux d'un oiseau, etc.

J'ai entendu ces sons se produire ainsi dans un arbre vivant, sur un grand carreau de vitre, dans un fil de fer tendu, sur une membrane tirée, dans un tambourin, sur la couverture d'un cab (1), et dans le parquet d'un théâtre. Bien plus, le contact immédiat n'est pas toujours nécessaire ; j'ai entendu ces bruits sortir du parquet, des murs, etc., quand le médium avait les pieds et les mains attachés, quand il était debout sur une chaise, quand il se trouvait dans une balançoire suspendue au plafond, quand il était enfermé dans une cage en fer, et quand il était en syncope sur un sofa. Je les ai entendus sur les verres d'un harmonica, je les ai sentis sur mes propres épaules et sous mes propres mains. Je les ai entendus sur une feuille de papier tenue entre les doigts par un bout de fil passé dans un coin de cette feuille. Avec la pleine connaissance des nombreuses théories qu'on a mises en avant, surtout en Amérique, pour expliquer ces sons, je les ai contrôlés de toutes les manières que j'ai pu imaginer, jusqu'à ce qu'il ne m'ait plus été possible d'échapper à la conviction qu'ils étaient bien réels et qu'ils ne se produisaient pas par la fraude ou par des moyens mécaniques.

1. *Cab : cabriolet, fiacre.*

3e catégorie : modification du poids des corps

J'ai répété sous des formes diverses et avec différents médiums les expériences que j'ai déjà décrites dans ces mémoires. Je n'ai donc pas besoin d'en parler plus longuement.

4e catégorie : mouvements d'objets pesants éloignés du médium

Les exemples où des corps lourds, tels que des tables, des chaises, des canapés, etc., ont été mis en mouvement, sans le contact du médium, sont très nombreux. J'en indiquerai brièvement quelques-uns des plus frappants. Ma propre chaise a en partie décrit un cercle, mes pieds ne reposant pas sur le parquet. Sous les yeux de tous les assistants, une chaise est venue lentement, d'un coin éloigné de la chambre, et toutes les personnes présentes l'ont constaté ; dans une autre circonstance, un fauteuil vint jusqu'à l'endroit où nous étions assis, et sur ma demande, il s'en retourna lentement, à la distance d'environ un mètre. Pendant trois soirées consécutives, une petite table se mut lentement à travers la chambre, dans des conditions soigneusement préparées prévenant toute objection. J'ai obtenu plusieurs fois la répétition d'une expérience que le comité de la Société de Dialectique a considérée comme concluante, savoir : le mouvement d'une lourde table en pleine lumière, le dos des chaises étant tourné vers la table, et chaque personne étant agenouillée sur sa chaise, les mains appuyées sur le dossier, mais ne touchant pas la table. Une fois, ce fait se produisit pendant que j'allais et venais, cherchant à voir comment chacun était placé.

5e catégorie : tables et chaises enlevées de terre sans aucun contact

Quand des manifestations de ce genre sont exposées, on fait généralement cette remarque : « Pourquoi n'y a-t-il que les tables et les chaises qui produisent ces effets ? Pourquoi cette propriété est-elle particulière aux meubles ? »

Je pourrais répondre que je ne fais qu'observer et rapporter les faits, et que je n'ai pas à entrer dans les pourquoi et les parce que, – mais cependant il est clair que si, dans une salle à manger ordinaire, un corps pesant, inanimé, doit s'élever au-dessus du plancher, ce ne peut guère être autre chose qu'une table ou une chaise. J'ai de nombreuses preuves que cette propriété n'est pas particulière aux meubles ; mais comme pour les autres expériences, l'intelligence ou la force, quelle qu'elle soit, autour de ces phénomènes, ne peut se servir que des objets appropriés à son but.

En cinq occasions différentes, une lourde table de salle à manger s'éleva de 20 à 50 cm au-dessus du parquet, et dans des conditions spéciales qui rendaient la fraude impossible. Dans une autre circonstance, une table pesante s'éleva au-dessus du plancher, en pleine lumière, pendant que je tenais les pieds et les mains du médium.

Une autre fois, la table s'éleva du sol, non seulement sans que personne la touchât, mais encore dans des conditions telles que le doute était impossible.

6e catégorie : lévitation de corps humains

Ces faits se sont produits quatre fois en ma présence, dans l'obscurité. Le contrôle sous lequel ils eurent lieu fut tout à fait satisfaisant, autant du moins qu'on peut en juger ; mais la preuve visuelle d'un pareil fait est si nécessaire pour détruire nos idées préconçues « sur ce qui est naturellement possible ou ne l'est pas » que je ne mentionnerai ici que les cas où les déductions de la raison furent confirmées par le sens de la vue.

En une occasion, je vis une chaise, sur laquelle une dame était assise, s'élever à plusieurs centimètres du sol. Une autre fois, pour écarter tout soupçon que cet enlèvement était produit par elle, cette dame s'agenouilla sur la chaise, de telle façon que les quatre pieds en fussent visibles pour nous. Alors elle s'éleva à environ 10 cm, demeura suspendue pendant dix secondes à peu près, et ensuite descendit lentement. Une autre fois encore, deux enfants, en deux occasions différentes, s'élevèrent du sol avec leurs chaises, en plein jour et dans les conditions les plus satisfaisantes (pour moi), car j'étais à genoux, et je ne perdais pas de vue les pieds de la chaise, constatant que personne ne pouvait y toucher.

Les cas d'enlèvement les plus frappants dont j'ai été témoin ont eu lieu avec M. Home. En trois circonstances différentes, je l'ai vu s'élever complètement au-dessus du plancher de la chambre. La première fois, il était assis sur une chaise longue ; la seconde, il était à genoux sur sa chaise, et la troisième, il était debout. A chaque occasion j'eus toute latitude pour examiner le fait.

Il y a bien cent cas constatés par différentes personnes, d'élévations de M. Home ; et j'ai entendu de la bouche même de trois témoins, le comte de Dunraven, lord Lindsay et le capitaine C. Wynne, le récit des faits les plus frappants, accompagnés des moindres détails de ce qui se passa. Rejeter l'évidence de ces manifestations équivaut à rejeter tout témoignage humain, quel qu'il soit, car il n'est pas de fait, dans l'histoire sacrée ou dans l'histoire profane, qui s'appuie sur des preuves plus imposantes.

7e catégorie : mouvement de divers petits objets sans contact

Sous ce titre, je me propose de décrire quelques phénomènes spéciaux dont j'ai été témoin. Attribuer ces résultats à la fraude est absurde, car je rappellerai encore à mes lecteurs que ce que je rapporte ici ne s'est pas accompli dans la maison d'un médium, mais dans ma propre maison, où il a été tout à fait impossible de rien préparer à l'avance. Un médium circulant dans ma salle à manger ne pouvait pas, quand j'étais assis dans une autre partie de la chambre avec plusieurs personnes qui l'observaient attentivement, faire jouer par fraude un accordéon que je tenais dans ma propre main, les touches en bas, ou faire flotter ce même accordéon çà et là dans la chambre en jouant pendant tout le temps. Il ne pouvait pas apporter avec lui un appareil pour agiter les rideaux des fenêtres, ou élever des jalousies vénitiennes jusqu'à huit pieds de hauteur ; faire un nœud à un mouchoir et le mettre dans un coin éloigné de la chambre ; faire résonner des notes à distance sur un piano ; faire voler un porte-cartes à travers l'appartement ; soulever une carafe et un verre à pied au-dessus de la table ; faire dresser sur une de ses extrémités un collier de corail ; faire mouvoir un éventail, ou bien mettre en mouvement un pendule enfermé dans une vitrine solidement scellée au mur.

8e catégorie : apparitions lumineuses

Ces manifestations de faible intensité exigent, en général, que la chambre ne soit pas éclairée. J'ai à peine besoin de rappeler à mes lecteurs que, dans de pareilles conditions, j'ai pris toutes les précautions convenables pour éviter qu'on ne m'en imposât par de l'huile phosphorée (1) ou par d'autres moyens. Bien plus, beaucoup de ces lumières étaient d'une nature telle que je n'ai pu arriver à les imiter par des moyens artificiels.

Sous les conditions du contrôle le plus rigoureux, j'ai vu un corps solide, lumineux par lui-même, à peu près de la grosseur et de la forme d'un œuf de dinde, flotter sans bruit à travers la chambre, s'élever par moments plus haut que n'aurait pu le faire aucun des assistants, et ensuite descendre doucement sur le parquet. Cet objet fut visible pendant plus de dix minutes, et avant de s'évanouir il frappa trois fois la table avec un bruit semblable à celui d'un corps dur et solide.

Pendant ce temps le médium était étendu sur une chaise longue et paraissait tout à fait insensible.

J'ai vu des points lumineux jaillir de côté et d'autre et se poser sur la tête de différentes personnes. A des questions posées, j'ai obtenu des réponses sous forme d'éclats lumineux correspondant aux nombres que j'avais fixés. J'ai vu des étincelles de lumière s'élancer de la table au plafond, et ensuite retomber sur la table avec un bruit très distinct. J'ai obtenu une communication alphabétique au moyen d'éclairs lumineux, se produisant dans l'air, devant moi, et au milieu desquels je promenais ma main. J'ai vu un nuage lumineux flotter au-dessus d'un tableau. Toujours sous les conditions du contrôle le plus rigoureux, il est arrivé plus d'une fois qu'un corps solide, phosphorescent, cristallin, a été mis dans ma main par une main qui n'appartenait à aucune des personnes présentes. J'ai vu au grand jour un nuage lumineux planer sur un héliotrope placé sur une table à côté de nous, en casser une branche, et l'apporter à

1. *Cette huile est phosphorescente dans l'obscurité.*

une dame ; et, dans quelques circonstances, j'ai vu un nuage semblable se condenser sous nos yeux en prenant la forme d'une main et transporter de petits objets. Mais cela appartient plutôt à la catégorie de phénomènes qui suit.

9e catégorie : apparitions de mains en pleine lumière

On sent souvent des attouchements de mains pendant les séances noires ou dans des conditions où l'on ne peut les voir. Plus rarement j'ai vu ces mains. Je ne citerai que les cas où ces apparitions ont eu lieu en pleine lumière.

Une petite main d'une forme très belle, s'éleva d'une table de salle à manger et me donna une fleur ; elle apparut, puis disparut à trois reprises, en me donnant toute facilité de me convaincre que cette apparition était aussi réelle que ma propre main. Cela se passa à la lumière, dans ma propre chambre, les pieds et les mains du médium étant tenus par moi pendant ce temps.

Dans une autre circonstance, une petite main et un petit bras, semblables à ceux d'un enfant, apparurent jouant autour d'une dame qui était assise près de moi. Puis l'apparition vint à moi, me frappa sur le bras, et tira plusieurs fois mon habit.

Une autre fois, un doigt et un pouce furent vus arrachant les pétales d'une fleur qui était à la boutonnière de M. Home, et les déposant devant plusieurs personnes assises auprès de lui.

Souvent, moi-même et d'autres personnes avons vu une main pressant les touches d'un accordéon, alors que les mains du médium étaient tenues par ceux qui étaient près de lui.

Les mains et les doigts ne m'ont pas toujours paru être solides et comme vivants. Quelquefois, la main offre plutôt l'apparence d'un nuage vaporeux. Cette main n'est pas toujours une simple forme, quelquefois elle semble parfaitement animée et très gracieuse ; les doigts se meuvent et la chair semble être aussi humaine que celle de toutes les personnes présentes. Au poignet ou au bras elle devient vaporeuse, et se perd dans un nuage lumineux.

Au toucher, ces mains paraissent quelquefois froides comme de la glace et mortes ; d'autres fois elles m'ont semblé chaudes et vivantes, et ont serré la mienne avec la ferme étreinte d'un vieil ami.

J'ai retenu une de ces mains dans la mienne, bien résolu à ne pas la laisser échapper. Aucune tentative ni aucun effort ne furent faits pour me faire lâcher prise, mais peu à peu cette main sembla se résoudre en vapeur, et ce fut ainsi qu'elle se dégagea de mon étreinte.

10ᵉ catégorie : écriture directe

C'est là l'expression employée pour désigner l'écriture qui n'est produite par aucune des personnes présentes. J'ai obtenu maintes fois des mots et des messages écrits sur du papier marqué à mon chiffre particulier ; dans des conditions très rigoureuses, j'ai entendu dans l'obscurité le crayon se mouvoir sur le papier. Les précautions prises étaient telles que j'étais aussi convaincu que si j'avais vu les caractères se former.

11ᵉ catégorie : formes et figures de fantômes

Ces phénomènes sont les plus rares de tous ceux dont j'ai été témoin. Les conditions nécessaires pour leur apparition semblent être si délicates, et il faut si peu de chose pour contrarier leur manifestation, que je n'ai eu que de très rares occasions de les voir dans des conditions de contrôle satisfaisantes. Je mentionnerai deux de ces cas.

Au déclin du jour, pendant une séance de M. Home chez moi, je vis s'agiter les rideaux d'une fenêtre, qui était environ à huit pieds de distance de M. Home. Une forme sombre, obscure, demi-transparente, semblable à une forme humaine, fut aperçue par tous les assistants, debout près de la croisée, et cette forme agitait le rideau avec sa main. Pendant que nous la regardions, elle s'évanouit et les rideaux cessèrent de se mouvoir.

Le cas qui suit est encore plus frappant. M. Home était également le médium. Une forme de fantôme s'avança d'un coin de la chambre, alla prendre un accordéon et ensuite glissa dans l'appartement en jouant de cet instrument. Cette forme fut visible pendant plusieurs minutes pour toutes les personnes présentes, alors que nous pouvions voir M. Home tout aussi bien. Le fantôme s'approcha d'une dame qui était assise à une certaine distance du reste des assistants ; cette dame poussa un petit cri, à la suite duquel l'ombre disparut.

12e catégorie : cas particuliers semblant indiquer l'action d'une intelligence extérieure

Il a déjà été prouvé que ces phénomènes sont gouvernés par une intelligence. L'espace ne me permet pas de donner ici tous les arguments qu'on peut mettre en avant pour prouver ces assertions, mais parmi un grand nombre de faits j'en mentionnerai brièvement un ou deux.

En ma présence, plusieurs phénomènes se sont produits en même temps, et le médium ne les connaissait pas tous. Il m'est arrivé de voir Mlle Fox écrire automatiquement une communication pour un des assistants, pendant qu'une autre communication sur un autre sujet lui était donnée pour une autre personne au moyen de l'alphabet et par *« coups frappés »*. Dans ce même temps, le médium causait avec une troisième personne, sans le moindre embarras, sur un sujet tout à fait différent des deux autres.

Un cas peut-être plus frappant est le suivant. Pendant une séance avec M. Home, la petite règle dont j'ai déjà parlé, traversa la table pour venir à moi en pleine lumière, et communiqua en me frappant sur la main. J'épelais l'alphabet, et la règle me frappait aux lettres qu'il fallait. L'autre bout de la règle reposait sur la table, à une certaine distance des mains de M. Home.

Les coups étaient si nets et si précis, et la règle était si évidemment sous l'influence d'une puissance invisible qui dirigeait ses mouvements que je dis : « L'intelligence qui dirige les mouvements de cette règle peut-elle changer le caractère de ses mouvements, et me donner, au moyen de coups frappés sur ma main, un message télégraphique avec l'alphabet Morse ? »

J'ai toutes les raisons possibles pour croire que l'alphabet Morse était tout à fait inconnu des personnes présentes, et moi-même je ne le connaissais qu'imparfaitement. J'avais à peine prononcé ces paroles que le caractère des coups frappés changea ; et le message fut continué de la manière que j'avais demandée. Les lettres me furent données trop rapidement pour pouvoir faire autre chose que de saisir un mot par-ci par-là, et par conséquent ce message fut perdu ; mais j'en avais assez vu pour me convaincre qu'à l'autre bout de la règle il y avait un bon opérateur de Morse, quel qu'il pût être d'ailleurs.

Encore un autre exemple : une dame écrivait automatiquement au moyen de la planchette. J'essayai de découvrir le moyen de prouver que ce qu'elle écrivait n'était pas dû à l'action inconsciente du cerveau.

Je dis alors à cette intelligence : « Voyez-vous ce qu'il y a dans cette chambre ? – Oui, écrivit la planchette. – Voyez-vous ce journal et pouvez-vous le lire ? ajoutai-je, en mettant mon doigt sur un numéro du *Times* qui était sur une table derrière moi, mais sans le regarder. – Oui, répondit la planchette. – Bien, dis-je, si vous pouvez le voir, écrivez le mot qui est maintenant couvert par mon doigt, et je vous croirai. » La planchette commença à se mouvoir lentement et avec beaucoup de difficulté elle écrivit le mot *« however »*. Je me tournai et je vis que le mot *however* était couvert par le bout de mon doigt.

Lorsque je fis cette expérience, j'avais évité à dessein de regarder le journal, et il était impossible à la dame, l'eût-elle essayé, de voir un seul des mots imprimés, car elle était assise à une table, le journal était sur une autre table derrière moi, et mon corps lui en cachait la vue.

13ᵉ catégorie : manifestations étranges et complexes

Sous ce titre, je me propose de faire connaître quelques manifestations qui, à cause de leur caractère complexe, ne peuvent se classer différemment. Sur plus de douze faits, j'en choisirai deux. Le premier eut lieu en présence de Mlle Kate Fox, et pour le rendre intelligible, il faut que j'entre dans quelques détails.

Mlle Fox m'avait promis de me donner une séance chez moi, un soir du printemps de l'année dernière. Pendant que je l'attendais, une dame de nos parentes et mes deux fils aînés, âgés l'un de quatorze ans et l'autre de onze, se trouvaient dans la salle à manger, où les séances avaient toujours lieu ; et moi-même je me trouvais seul dans ma bibliothèque occupé à écrire. Entendant un cab s'arrêter et la sonnette retentir, j'ouvris la porte à Mlle Fox, et la conduisis aussitôt dans la salle à manger, parce qu'elle me dit que, ne pouvant rester longtemps, elle ne monterait pas ; elle déposa sur une chaise son chapeau et son châle. Je me dirigeai alors vers la porte de la salle à manger, je dis à mes deux fils d'aller dans la bibliothèque étudier leurs leçons ; je poussai la porte sur eux, la fermai à clef, et selon mon habitude pendant les séances, je mis la clef dans ma poche.

Nous nous assîmes : Mlle Fox était à ma droite et l'autre dame à ma gauche. Nous reçûmes bientôt un message alphabétique nous engageant à éteindre la lumière ; nous l'éteignîmes, nous nous trouvâmes dans une obscurité complète et pendant tout le temps qu'elle dura, je tins dans une des miennes les deux mains de Mlle Fox. Presque aussitôt une communication nous fut donnée en ces termes : « Nous allons vous donner la preuve de notre pouvoir », et, presque immédiatement après, nous entendîmes tous le tintement d'une clochette, non pas stationnaire, mais qui allait et venait de tous côtés dans la chambre ; tantôt près du mur, une autre fois dans un coin éloigné de l'appartement ; tantôt me touchant à la tête, puis frappant sur le plancher. Après avoir ainsi sonné dans la chambre pendant au moins cinq minutes, cette sonnette tomba sur la table tout près de mes mains.

Pendant tout le temps que ce phénomène dura, personne ne bougea, et les mains de Mlle Fox demeurèrent parfaitement tranquilles. Je pensais que ce ne pouvait pas être ma petite clochette qui sonnait, car je l'avais laissée dans ma bibliothèque. (Peu de temps avant que Mlle Fox arrivât, j'avais eu besoin d'un livre qui se trouvait au coin d'une étagère ; la sonnette était sur le livre et je l'avais mise de côté pour le prendre. Ce petit incident m'assurait que la sonnette était bien dans la bibliothèque.) Le corridor sur lequel donnait la porte de la salle à manger était vivement éclairé de telle sorte que cette porte ne pouvait pas s'ouvrir sans laisser la lumière pénétrer dans la pièce où nous nous trouvions. Du reste, pour l'ouvrir, il n'y avait qu'une clef, et je l'avais dans ma poche.

J'allumai une bougie. Il n'y avait pas à en douter, c'était bien une clochette qui était là sur la table, devant moi. J'allai tout droit à la bibliothèque. D'un coup d'œil je vis que la sonnette n'était plus là où elle aurait dû se trouver. Je dis à mon fils aîné : « Savez-vous où est ma petite sonnette ? – Oui, papa, répondit-il, la voici » ; et il montrait la place où je l'avais laissée. En prononçant ces mots il leva les yeux et continua ainsi : – « Non ; elle n'est pas là, mais elle y était il n'y a qu'un moment. – Que voulez-vous dire ? quelqu'un est-il venu la prendre ? – Non, dit-il, personne n'est entré ; mais je suis sûr qu'elle était là, parce que lorsque vous nous avez fait sortir de la salle à manger pour venir ici, J... (le plus jeune de mes fils) s'est mis à la sonner si fort que je ne pouvais pas étudier mes leçons, et je lui ai dit de cesser. » J... confirma ces paroles et ajouta qu'après avoir agité la clochette il l'avait remise à l'endroit où il l'avait trouvée.

Le second cas que je vais rapporter eut lieu à la lumière un dimanche soir, en présence de M. Home et de quelques membres de ma famille seulement. Ma femme et moi nous avions passé la journée à la campagne et en avions rapporté quelques fleurs que nous mîmes dans un vase, sur la table de la salle à manger.

Après avoir obtenu plusieurs manifestations, la conversation vint à tomber sur certains faits qui ne semblaient pouvoir s'expliquer qu'en admettant que la matière pouvait réellement passer à travers une substance solide. A ce propos, le message qui suit nous fut donné alphabétiquement : « Il est impossible à la matière de passer à travers la matière, mais nous allons vous montrer ce que nous pouvons faire. »

Nous attendîmes en silence. Bientôt une apparition lumineuse fut aperçue planant sur le bouquet de fleurs ; puis, à la vue de tout le monde, une tige d'herbe de Chine, de quarante centimètres de long, qui faisait l'ornement du centre du bouquet, s'éleva lentement du milieu des autres fleurs et ensuite descendit sur la table en face du vase, entre ce vase et M. Home. En arrivant sur la table, cette tige d'herbe ne s'y arrêta pas, mais elle passa droit à travers, et tous nous la vîmes bien jusqu'à ce qu'elle l'eût entièrement traversée.

Aussitôt après la disparition de l'herbe, ma femme, qui était assise à côté de M. Home, vit entre elle et lui une main qui venait de dessous la table et qui tenait la tige d'herbe dont elle la frappa deux ou trois fois sur l'épaule avec un bruit que tout le monde entendit, puis elle déposa l'herbe sur le plancher et disparut. Il n'y eut que deux personnes qui virent la main ; mais tous les assistants aperçurent le mouvement de l'herbe. Pendant que ceci se passait, tout le monde pouvait voir les mains de M. Home placées tranquillement sur la table en face de lui. L'endroit où l'herbe disparut était à environ 50 cm de la place où étaient ses mains. La table était une table de salle à manger à coulisses, s'ouvrant avec une vis : elle n'était pas à rallonges, et la réunion des deux parties formait une étroite fente dans le milieu. C'est à travers cette fente que l'herbe avait passé ; je la mesurai et je trouvai qu'elle avait à peine quelques dizièmes de millimètres de large. La tige de cette herbe était beaucoup trop grosse pour qu'elle pût passer à travers cette fente sans se briser, et cependant tous nous l'avions vue y passer sans peine, doucement, et en l'examinant ensuite, elle n'offrait pas la plus légère marque de pression ou d'érosion.

Voici maintenant quelques-unes des théories que l'on peut émettre pour expliquer les phénomènes observés.

Première théorie. – Les phénomènes sont tous le résultat de fraudes, d'habiles arrangements mécaniques ou de prestidigitation ; les médiums sont des imposteurs, et les assistants sont des imbéciles.

Il est évident que cette théorie ne peut expliquer qu'un très petit nombre des faits observés.

Avec un médium véritable, il arrive que les premiers phénomènes que l'on observe se trouvent généralement être de légers mouvements de la table, et de faibles coups frappés sous les pieds ou les mains du médium. Ces effets, j'en conviens, sont très faciles à imiter par le médium ou par toute autre personne assise à la table.

Il y a une énorme différence entre les tours d'un escamoteur de profession qui, entouré de ses appareils, aidé par un certain nombre de compères, trompe les sens par son adresse et sa légèreté de main, sur son propre théâtre, et les phénomènes qui se produisent en présence de M. Home, en pleine lumière, dans un appartement privé habité en permanence par moi et mes amis, qui non seulement n'auraient pas favorisé la plus petite supercherie, mais encore observaient de près tout ce qui se passait. Bien plus, M. Home a souvent été fouillé avant et après les séances, et il demande toujours qu'il en soit ainsi. Pendant les manifestations les plus remarquables, j'ai parfois tenu ses deux mains et placé mes pieds sur ses pieds. Je n'ai pas proposé une seule fois de modifier les dispositions prises pour rendre la supercherie moins possible, sans qu'il n'y ait tout de suite consenti, et souvent même il a attiré l'attention sur les moyens de contrôle qu'on pouvait employer.

Deuxième théorie. – Les personnes qui assistent à une séance sont victimes d'une espèce de folie ou d'hallucination, et s'imaginent qu'il se produit des phénomènes qui n'existent pas réellement.

Troisième théorie. – Tout cela est le résultat de l'action consciente ou inconsciente du cerveau.

Ces deux théories ne peuvent évidemment embrasser qu'une très petite partie des phénomènes, et même elles ne les expliquent que d'une manière improbable. Elles peuvent se réfuter en très peu de mots.

J'arrive maintenant aux théories « spirituelles ». Il faut se rappeler que le mot « esprits » est employé dans un sens très vague par un grand nombre de personnes.

Quatrième théorie. – Les phénomènes produits sont le résultat de l'esprit du médium qui s'associe peut-être à l'esprit de toutes les personnes présentes ou de quelques-unes seulement.

Cinquième théorie. – Ils sont dus à l'action des mauvais esprits ou diables, qui se manifestent par qui il leur plaît et de la manière qu'il leur plaît, afin de détruire le christianisme et de perdre les âmes des hommes.

Sixième théorie. – Ils sont produits par une certaine classe d'êtres, vivant sur cette terre, mais immatériels et invisibles à nos yeux et capables toutefois, en certains cas, de manifester leur présence. Dans tous les pays et à toutes les époques, ils ont été connus sous le nom de démons (ce qui ne veut pas dire qu'ils soient nécessairement mauvais), de gnomes, fées, lutins, farfadets, nains, etc.

Septième théorie. – Les manifestations sont dues à l'intervention des morts : c'est là la théorie spirite par excellence, celle que soutint Allan Kardec.

Huitième théorie. – Théorie de la Force psychique. Cette théorie est plutôt un complément des théories 4, 5, 6 et 7, qu'une théorie en elle-même.

Un médium jouit de quelque faculté qu'un être ordinaire n'a pas. La théorie de la Force psychique n'est autre chose que la simple constatation du fait que dans certaines conditions, encore imparfaitement fixées et à une certaine distance du corps de certaines personnes, douées d'une organisation nerveuse spéciale il se manifeste une force qui exerce une action à distance.

Les plus ardents spiritualistes admettent l'existence de cette force sous le nom impropre de magnétisme.

La différence entre les partisans de la force psychique et ceux du spiritualisme consiste en ce que, dans le premier cas n'existe aucune espèce de preuve que ce sont les esprits des morts ; tandis que les spiritualistes acceptent comme article de foi, sans en demander plus de preuves, que ce sont les esprits des morts qui sont à la base de tous les phénomènes.

Ainsi la controverse se réduit à une pure question de fait, qui ne pourra se résoudre que par une laborieuse suite d'expériences et par la réunion d'un grand nombre de faits psychologiques.

CHAPITRE QUATRIÈME

D'AUTRES SAVANTS TÉMOIGNENT

Nous avons choisi à titre d'exemple les travaux du Professeur *Crookes,* mais de nombreux autres savants authentifient la réalité des phénomènes de l'occultisme. Nous ne pouvons, faute de place, reprendre toutes leurs études (un volume entier n'y suffirait pas) mais nous nous contenterons de citer leurs témoignages qui se passent de toute conclusion.

Un autre grand physicien anglais, *Sir Oliver Lodge,* dont les travaux, dans le domaine de l'électricité notamment la théorie des ions, sont connus dans le monde entier, écrit :

« J'ai, à la longue et tout à fait graduellement, acquis la conviction et suis maintenant convaincu, après plus de vingt années d'études, non seulement que la persistance de l'existence personnelle est un fait, mais qu'une communication peut occasionnellement, mais avec difficulté et dans des conditions spéciales, nous parvenir à travers l'espace. »

Les phénomènes spirites : des réalités

Poursuivant ses recherches, le même savant, qui est à la fois Recteur de l'Université de Birmingham et membre de l'Académie Royale, écrivait encore :

« Je m'affirme spirite parce que j'ai eu à accepter certains phénomènes comme des réalités. »

Ailleurs, il écrit :

« La barrière qui sépare les deux mondes (spirituel et matériel) peut tomber graduellement, comme beaucoup d'autres barrières, et nous arriverons à une perception plus élevée de l'unité de la Nature. Les choses possibles dans l'univers sont aussi infinies que son étendue. Ce que nous savons n'est rien, comparé à ce qu'il nous reste à savoir. *Si nous nous contentons du demi-terrain conquis actuellement, nous trahissons les droits, les plus élevés de la science. »*

Le professeur W.-O. Barret (de Dublin, ex-président de la Société des Recherches psychiques de Londres), a dit aussi : « Je crains que les phénomènes spiritualistes (ou psychiques) ne puissent être démontrés par les pures méthodes physiques d'investigation, mais le temps approche où ils seront acceptés comme partie intégrante du monde double de matière et d'intelligence où nous vivons. »

Inconnu d'hier, vérité de demain

Camille Flammarion, le célèbre astronome français : « Je n'hésite pas à dire que celui qui déclare les phénomènes spirites contraires à la science ne sait pas de quoi il parle. En effet, dans la nature il n'y a rien d'occulte, de surnaturel, il y a de l'inconnu ; mais l'inconnu d'hier devient la vérité de demain. »

Dans le troisième volume de son gros ouvrage *la Mort et son mystère,* il conclut en ces termes : *« L'âme survit à l'organisme physique et peut se manifester après la mort. »*

Le professeur Lombroso, de l'Université de Turin,

l'illustre criminaliste italien qui combattit longtemps les théories spirites, mais qui consentit ensuite à les étudier écrit :

« Je suis forcé de formuler ma conviction que les phénomènes spirites sont d'une importance énorme et qu'il est du devoir de la science de diriger son attention, sans délai, sur ces manifestations. »

Ce savant émit encore ce témoignage précis :

« On traite le spiritisme de supercherie, ce qui dispense de réfléchir. Je suis confus d'avoir combattu la possibilité des phénomènes spirites. »

Et encore celui-ci :

Constatés de visu

« Après avoir vu repousser par certains savants des faits comme ceux de la transmission de la pensée et du transfert des sens, que j'avais constatés *de visu,* j'ai pensé que mon scepticisme pour les phénomènes spirites était de même nature que celui d'autres savants pour les phénomènes hypnotiques.

Etudions et gardons-nous de cette erreur qui consiste à croire que tous les médiums sont des simulateurs *et nous seuls des savants,* tandis que... hélas ! cette prétention pourrait justement nous entraîner dans l'erreur.

Le soupçon d'une tromperie, toujours très naturel pour tout le monde, et surtout chez les âmes vulgaires, constitue l'explication la plus simple, la plus aisée pour tous, et nous épargne la fatigue de penser et d'étudier. »

Le docteur Ochorowicz, a fait, dans une revue polonaise, un aveu très net et qui l'honore par sa franchise. « Quand je me souviens qu'à une certaine époque, je m'étonnais du courage de W. Crookes à soutenir la réalité des phénomènes médiumniques ; quand je réfléchis surtout que j'ai lu ses ouvrages avec le sourire stupide qui éclairait la figure de ses collègues au seul énoncé de ces choses-là, je rougis de honte pour moi-même et pour les autres. »

En Suède, les *docteurs Tarnebœm et Esland* (de l'Université de Stockholm) ont déclaré : « Il n'y a que ceux qui n'ont pas examiné les phénomènes psychiques qui les nient, mais une profonde étude peut seule les expliquer. Nous ne savons pas où peut nous mener la découverte des causes de ces manifestations, quelquefois vulgaires ; ni de quelles sphères de la Nature elle peut nous ouvrir la voie, mais qu'elle doive nous rapporter des résultats importants nous semble découler de l'histoire de tous les temps. »

En Amérique, *Minot Savage* (Président de la Société des Recherches psychiques des Etats-Unis) écrit :

Des phénomènes prouvés

« J'affirme que les divers phénomènes dont j'ai parlé (dans son livre) sont vrais et nullement le résultat de trucs ou de fraudes. Quand, d'une façon indiscutable, des objets se remuent sans action musculaire et que des instruments jouent sans contact, je ne vois aucune espèce d'explication autre que l'action d'une intelligence invisible. »

Russel Wallace, émule de Darwin et président de la Société anglaise d'Anthropologie déclare :

« J'étais un matérialiste si complet et si convaincu qu'il ne pouvait y avoir dans mon esprit aucune place pour une existence spirituelle. Mais les faits sont des choses opiniâtres et les faits me vainquirent. *Les phénomènes spirites sont aussi prouvés que les faits de toutes les autres sciences.* »

QUATRIÈME PARTIE

MAGNÉTISME ET HYPNOTISME

AVERTISSEMENT CONCERNANT L'HYPNOTISME

Dans les chapitres qui suivent, nous allons aborder la pratique du magnétisme et de l'hypnotisme. Il va de soi que personne ne doit, avec légèreté, se lancer dans l'expérimentation de l'hypnotisme. Les expériences indiquées au début sur la polarité du corps humain et sur la chute en arrière ne présentent pas de danger. Pour les réussir un certain nombre de conditions sont requises, mais ces expériences sont inoffensives.

Si l'on désire aller plus loin, il est indispensable de suivre des cours auprès de personnes qualifiées. Nous avons néanmoins voulu donner de nombreuses explications sur la pratique de l'hypnotisme, afin d'éclairer parfaitement le lecteur sur cette branche passionnante de l'occultisme.

CHAPITRE PREMIER

L'ÉTRANGE PHÉNOMÈNE DU MAGNÉTISME HUMAIN

On peut donner plusieurs définitions du magnétisme ; parmi tant d'autres nous retiendrons celle-ci : le magnétisme est une forme d'énergie, différente de la chaleur et de l'électricité, qui émane du corps humain et que l'on dirige vers autrui pour obtenir certains effets.

Bien qu'historiquement le magnétisme ait été employé bien avant l'hypnotisme, on a aujourd'hui tendance à désigner indifféremment ces phénomènes par l'un ou l'autre mot. Le magnétisme, pour nous, ne conduit pas forcément au sommeil et agit parfaitement sur un sujet éveillé, tandis que l'hypnotisme, dont les techniques sont identiques, aboutit généralement à un sommeil artificiellement provoqué par des passes dites « magnétiques ». Pour comprendre ce qu'est le magnétisme nous suivrons tout d'abord les explications théoriques qu'en donne Deleuze dans son instruction pratique.

Le véritable objectif du magnétisme

Pour bien saisir les indications de Deleuze, il ne faut pas perdre de vue que le magnétisme d'abord, l'hypnotisme ensuite a toujours eu pour objectif premier, le soulagement ou la guérison des maladies. Le magnétisme n'a pas pour but de faire des expériences de music-hall.

« L'homme, nous dit Deleuze, a la faculté d'exercer sur ses semblables une influence salutaire, en dirigeant sur eux, par sa volonté, le principe qui nous anime et nous fait vivre.

On donne à cette faculté le nom de *Magnétisme animal* ou *Magnétisme humain :* elle est une extension du pouvoir qu'ont tous les êtres vivants d'agir sur ceux de leurs propres organes qui sont soumis à la volonté.

Nous ne nous apercevons de cette faculté que par des résultats, et nous n'en faisons usage qu'autant que nous le voulons. Donc, la première condition pour magnétiser, c'est de vouloir.

Un fluide de nature inconnue

Comme nous ne pouvons comprendre qu'un corps agisse sur un autre à distance, sans qu'il y ait entre eux quelque chose qui établisse la communication, nous supposons qu'il émane de celui qui magnétise une substance qui se porte sur le magnétisé, dans la direction imprimée par la volonté. C'est cette substance, la même qui entretient chez nous la vie, que nous nommons *fluide magnétique.* La nature de ce fluide est inconnue, son existence même n'est pas démontrée ; mais tout se passe comme s'il existait, et cela suffit pour que nous l'admettions dans l'indication que nous donnons des moyens d'employer le magnétisme.

Une faculté très répandue

La faculté de magnétiser existe chez tous les hommes, mais tous ne la possèdent pas au même degré.

La vertu magnétique se développe par l'exercice, et l'on en fait usage avec plus de facilité et de succès lorsqu'on a acquis l'habitude de s'en servir.

Quoique le fluide magnétique s'échappe de tout le corps, et que la volonté suffise pour lui imprimer une direction, les organes par lesquels nous agissons hors de nous sont les instruments les plus propres pour le lancer dans le sens déterminé par la volonté. C'est pour cette raison que nous nous servons de nos mains et de nos yeux pour magnétiser. La parole qui manifeste notre volonté peut souvent exercer une action lorsque le rapport est bien établi. Les sons mêmes qui partent du magnétiseur étant produits par une force vitale, agissent sur les organes du magnétisé.

L'action du magnétisme peut se porter à de très grandes distances, mais elle n'agit de cette manière que sur un individu avec lequel on est parfaitement en rapport et dans le cas où le magnétiseur est très expérimenté.

Mais tout le monde n'est pas réceptif

Tous les hommes ne sont pas sensibles à l'action magnétique, et les mêmes le sont plus ou moins, selon les dispositions momentanées dans lesquelles ils se trouvent. Ordinairement, le magnétisme n'exerce aucune action sur les personnes qui jouissent d'une santé parfaite. Le même homme qui était insensible au magnétisme dans l'état de santé, en éprouvera des effets lorsqu'il sera malade. Il est telle maladie dans laquelle l'action du magnétisme ne se fait point apercevoir ; telle autre sur laquelle cette action est évidente. On n'en sait pas encore assez pour déterminer la cause de ces anomalies, ni pour dire à l'avance si le magnétisme agira ou n'agira pas ; on a seulement quelques probabilités à cet égard ; mais cela ne saurait motiver une objection contre la réalité du magnétisme, attendu que les trois quarts des malades au moins en ressentent les effets.

Il y a un problème d'affinités personnelles

La nature a établi un rapport ou une sympathie physique entre quelques individus ; c'est par cette raison que plusieurs magnétiseurs agissent beaucoup plus promptement et plus efficacement sur certains malades que sur d'autres, et que le même magnétiseur ne convient pas également à tous les malades. Il y a même des magnétiseurs qui sont plus propres à guérir certaines maladies. Plusieurs personnes se croient insensibles à l'action du magnétisme, parce qu'elles n'ont pas rencontré le magnétiseur qui leur convient.

Le magnétisme provoque une grande dépense d'énergie

Certaines personnes éprouvent beaucoup de fatigue lorsqu'elles magnétisent, d'autres n'en éprouvent point. Cette fatigue ne tient pas aux mouvements que l'on fait, mais à l'émission du principe vital ou fluide magnétique. Celui qui n'est pas doué d'une grande force magnétique s'épuiserait à la longue, s'il magnétisait tous les jours pendant plusieurs heures. En général, toute personne qui jouit d'une bonne santé et qui n'est point affaiblie par l'âge peut faire le traitement d'un seul malade, et lui donner chaque jour une séance d'une heure. Mais tout le monde n'a pas la force nécessaire pour magnétiser plusieurs personnes, ni plusieurs heures de suite. Au reste, plus on est exercé à magnétiser, moins on se fatigue, parce qu'on n'emploie que la force nécessaire.

Les enfants, depuis l'âge de sept ans, magnétisent très bien lorsqu'ils ont vu magnétiser ; ils agissent par imitation, avec une entière confiance, avec une volonté déterminée, sans nul effort, sans être distraits par le moindre doute ni par la curiosité, et ils guérissent très bien et très vite un mal accidentel.

La confiance, qui est une condition essentielle chez le magnétiseur, n'est point nécessaire chez le magnétisé ; on agit également sur ceux qui n'y croient pas. Il suffit que le magnétisé s'abandonne et qu'il n'oppose aucune résistance. Cependant la confiance contribue à l'efficacité du magnétisme comme à celle de la plupart des remèdes.

Aider la nature

Le magnétisme ayant pour but de développer ce que les médecins nomment les forces médiatrices, c'est-à-dire de seconder les efforts que fait la nature pour se délivrer du mal, de faciliter les crises auxquelles elle est disposée, il est essentiel d'agir constamment pour aider la nature, et de ne jamais la contrarier. D'où il suit qu'on ne doit magnétiser ni par curiosité, ni pour montrer la puissance dont on est doué, ni pour produire des effets surprenants, ni pour convaincre les incrédules ; mais uniquement pour faire du bien et dans le cas où on le croit utile.

Quoique le choix de tel ou tel procédé soit possible

pour diriger l'action du magnétisme, il est utile de s'être fait une méthode que l'on suit par habitude et sans y penser, afin de ne jamais être embarrassé, et de ne pas perdre de temps à chercher quels mouvements il est le plus à propos de faire.

Se laisser guider par l'instinct

Lorsqu'on a acquis l'habitude de concentrer son attention, et de se séparer de tout ce qui est étranger à l'objet dont on s'occupe, on éprouve en soi-même une impulsion instinctive qui détermine à porter l'action sur tel ou tel organe, à la modifier de telle ou telle manière. Il faut obéir à cette impulsion sans en rechercher la cause. Lorsque le malade qu'on magnétise s'abandonne entièrement à l'action qu'on exerce, sans être distrait par d'autres idées, il arrive souvent qu'un instinct semblable le mette à même d'indiquer les procédés qui lui conviennent le mieux ; le magnétiseur doit alors se laisser diriger par lui.

Le magnétisme excite parfois des douleurs dans la partie du corps où se trouve le siège du mal ; il renouvelle des douleurs anciennes et assoupies. Il ne faut point s'en inquiéter, elles ne sont que passagères : c'est ce qui distingue ces douleurs, qu'on nomme critiques, de celles qui sont produites par le progrès du mal.

Lorsqu'une crise quelconque a lieu, il est très dangereux de l'interrompre ou de la troubler.

Avant d'entreprendre un traitement magnétique, le magnétiseur doit s'examiner lui-même ; il doit se demander s'il peut continuer et si le malade ou ceux qui ont de l'influence sur lui n'y mettront aucun obstacle : il ne doit pas s'en charger s'il éprouve quelque répugnance ou s'il craint de prendre la maladie. Pour agir efficacement, il faut qu'il se sente attiré vers la personne qui réclame ses soins, qu'il prenne intérêt à elle, qu'il ait le désir et l'espoir de la guérir ou du moins de la soulager. Une fois qu'il s'est décidé, ce qu'il n'aura jamais fait légèrement, il doit considérer celui qu'il magnétise comme son frère, comme son ami ; il doit lui être tellement dévoué qu'il ne s'aperçoive pas des sacrifices qu'il s'impose. Aucune autre considération, aucun autre motif que le désir de faire du bien ne doit le déterminer à entreprendre un traitement.

La faculté de magnétiser, ou celle de faire du bien à ses semblables par l'influence de sa volonté, par la communication du principe qui entretient en nous la santé et la vie, étant la plus belle et la plus précieuse qui soit, il doit regarder l'exercice du magnétisme comme un acte religieux qui exige le plus grand recueillement et la plus grande pureté d'intention. Il suit de là que c'est une sorte de profanation de magnétiser par amusement, par curiosité, par désir de montrer des effets singuliers. Ceux qui demandent des expériences pour voir un spectacle, ne savent pas ce qu'ils demandent : mais le magnétiseur doit le savoir, se respecter lui-même et conserver sa dignité. »

Ce qui a changé depuis Charcot

Comme on le voit, Deleuze ne veut pas que le magnétisme serve de spectacle. Il ne conçoit ces pratiques que dans un but altruiste, celui de soulager les maux d'autrui. On sait que le magnétisme est l'une des techniques les plus employées par les guérisseurs sérieux et que les résultats qu'ils obtiennent ne laissent aucun doute sur leur authenticité. Si la médecine, au cours des quarante dernières années a délaissé les voies ouvertes par le Dr Charcot, c'est en grande partie parce que la chimie moderne met à la disposition des praticiens des médicaments nouveaux et très spécifiques. Ceux-ci permettent d'obtenir à la fois le soulagement physique des maux bien diagnostiqués et en même temps des effets psychiques ou psycho-somatiques ; le médecin dispose d'une gamme très vaste de médicaments qui va des calmants légers aux tranquillisants, des somnifères aux anesthésiques. Le médecin qui a diagnostiqué un mal peut aujourd'hui guérir son malade en lui prescrivant simplement le traitement adéquat.

Très efficace dans certains cas

En revanche, lorsque les maux dont souffre un malade sont difficilement diagnosticables, ou lorsque le malade répugne à l'absorption de substances médicinales chimiques, le magnétisme peut être d'un grand secours. Sans même savoir exactement la cause du mal, le guérisseur, par ses passes magnétiques sur les organes malades, obtient très souvent un soulagement, voire une guérison, là où la médecine a échoué.

Il est cependant normal que la médecine officielle surveille avec beaucoup de sévérité les guérisseurs, car parmi de nombreux guérisseurs honnêtes, sérieux, prudents, efficaces, se glissent des filous qui ne cherchent qu'à abuser de la crédulité des malades.

Avant de consulter un guérisseur, il faut donc s'entourer de précautions et surtout subir un examen médical sérieux pour être certain que l'on ne risque pas de négliger un mal parfaitement diagnosticable. Ceci ne retire rien à la valeur des grands guérisseurs à qui il faut rendre un hommage mérité.

CHAPITRE DEUXIÈME

LA PRATIQUE DU MAGNÉTISME ET DE L'HYPNOTISME

Nous allons d'abord essayer de comprendre la nature des phénomènes du magnétisme humain. Nous disons bien comprendre la nature des phénomènes et non pas en expliquer scientifiquement l'existence. Bien que la science et l'université se penchent maintenant avec beaucoup d'attention sur ces problèmes, on n'a pas encore réussi à percer le mystère de la nature de ce magnétisme, alors que les effets en sont, eux, scientifiquement constatés. Il faut bien remarquer que nous découvrons seulement depuis quelques décennies à quel point nous sommes imprégnés de radiations de toutes sortes ; l'étude de ces radiations apporte chaque année du nouveau. Si nous avons fait de gros progrès en ce qui concerne l'étude des radiations cosmiques, en raison de l'immense effort entrepris dans la recherche aérospatiale, on a progressé beaucoup plus lentement en biologie et le mystère de la cellule vivante reste entier, même si l'on perçoit quelques lueurs permettant d'incertaines hypothèses. Si le corps humain émet des radiations, on n'a pas encore percé leur secret.

Le magnétisme produit de très nombreux phénomènes. Il a d'abord été étudié, nous l'avons dit, pour soulager et pour guérir. A l'occasion de recherches et d'expériences on a trouvé d'autres applications du magnétisme, mais lorsque Deleuze magnétisait, lorsque Charcot hypnotisait, c'était avant tout dans un but médical. On ne perdra pas cela de vue en lisant ce qui suit.

Avant d'aborder l'expérimentation proprement dite, quelques considérations sur le magnétisme humain sont nécessaires.

Ce n'est pas de l'électricité

Disons tout d'abord que ni la chaleur, ni l'électricité ne peuvent être confondues avec le magnétisme. Ce dernier agent produit des effets qu'aucun autre agent ne peut produire. Cependant le magnétisme humain a des analogies avec l'électricité. Comme dans l'électricité, nous observons dans le magnétisme deux modalités différentes de la même force. Cette dualité constitue la polarité. Le corps humain est polarisé comme l'aimant et l'expérimentation sur les sensitifs nous le démontrera aisément. Les anciens magnétiseurs ont admis cette polarité. Paracelse en donne déjà quelques notions, Robert Fludd soutient que l'homme a, comme la terre, ses pôles opposés, Mesmer, Deslon, Dalloz, affirment la polarité du corps humain, de Reichenbach la reconnaît également. Le professeur Durville remarque que la même main ne produit pas les mêmes effets sur les deux côtés du corps. Il rapporte que ses expériences lui firent admettre que le pôle positif de l'aimant exerce une action analogue à celle de la main droite, et que le pôle négatif en exerce une analogue à celle de la main gauche.

Un simple aimant agit sur le corps

L'action exercée sur l'organisme humain par l'approche de certains corps (aimants, cristaux, métaux, etc.) est admise aujourd'hui par la science officielle. Les expériences du Dr Charcot à la Salpêtrière, celles du professeur Maggiorani en Italie établissent la puissante action de l'aimant sur les hystériques.

Les phénomènes de contracture et de décontracture observés sous l'influence de l'action de l'aimant, peuvent être produits par un grand nombre de substances et surtout par le magnétisme humain. Ils peuvent être obtenus non seulement sur les hystériques, mais encore sur une certaine classe de sensitifs.

Nous sommes « polarisés »

Cette expérimentation permet d'établir que le corps humain est *positif* à droite, *négatif* à gauche.

Voici pourquoi :

Si on touche la partie interne du petit doigt de la main droite d'un sensitif, soit avec l'électrode positif d'une pile, soit avec le pôle nord d'un aimant, le petit doigt est contracturé après quelques secondes. *Le même effet serait obtenu si le sujet plaçait son petit doigt dans la main droite de l'opérateur.*

Si on touche ensuite la même partie du petit doigt contracturé, soit avec l'électrode négatif d'une pile, soit avec le pôle sud d'un aimant, la contracture disparaît. *Le même effet serait obtenu si l'opérateur prenait dans sa main gauche le petit doigt du sujet.*

On doit conclure qu'il existe dans la première série une force différente de celle qui se trouve dans la deuxième. Comme il y a concordance de nature entre le pôle positif de la pile, le pôle positif de l'aimant et la *main droite ;* entre le pôle négatif de la pile, le pôle négatif de l'aimant et la *main gauche,* il est naturel de désigner, par analogie avec les dénominations déjà en usage dans l'électricité, le premier sous le nom de dynamide positif et le deuxième sous le nom de dynamide négatif. On peut donc admettre que l'action de la main droite est positive et que celle de la main gauche est négative. Suivant l'usage adopté dans la technologie électrique, la polarisation positive sera représentée par le signe + et la polarisation négative par le signe –.

On peut arriver à déterminer exactement la répartition de la polarisation sur le corps humain. Il suffit de se servir tantôt de la main droite (positive), tantôt de la main gauche (négative), l'effet de l'une servant à contrôler celui de l'autre.

Une expérience sur la polarité du corps humain

A ce propos, M. Durville propose l'expérience suivante pour démontrer la polarité du corps humain, et constater l'analogie qui existe entre les effets produits sur les bons sensitifs par le magnétisme animal, par le magnétisme de l'aimant et par l'électricité.

Les sensitifs trouvent à l'eau magnétisée une saveur particulière et cette saveur est différente, lorsque l'eau est magnétisée par la main droite ou par la main gauche. De plus, nous savons par expérience que le liquide peut être magnétisé soit par un courant électrique, soit par l'action de l'aimant.

« Si on fait plonger pendant quelques instants les électrodes d'une pile dans deux verres d'eau en les reliant entre eux au moyen d'un fil humide, dit

M. Durville, l'eau du verre où plonge l'électrode + devient acidulée, fraîche au goût ; celle de l'autre devient au contraire alcaline, tiède, fade, nauséeuse.

« Si l'on place deux verres d'eau dans le champ d'action des pôles d'un aimant, le pôle positif prend au goût des sensitifs une saveur fraîche, agréable ; le pôle négatif donne une saveur tiède, fade, nauséeuse.

« Si nous tenons pendant 2 à 3 minutes un verre d'eau dans chaque main ou que nous dirigions simplement les doigts en pointe au-dessus du liquide sans le toucher, l'eau du verre de la main droite prend une saveur acide et devient fraîche, légère, agréable au goût des sensitifs ; celle du verre de l'autre main devient, au contraire, alcaline, tiède, fade, nauséeuse.

« Il y a donc concordance de nature entre le pôle + ou positif de la pile, le pôle +, positif de l'aimant et la main droite ; entre le pôle – ou négatif de la pile, le pôle –, négatif de l'aimant et la main gauche. On peut donc admettre que l'action de la main droite est positive et que celle de la main gauche est négative. »

Les axes de notre polarisation

Comme l'ont reconnu Paracelse, Mesmer, Deslon, Reichenbach, Durville, les docteurs Chazarain, Baraduc et tous ceux qui ont bien voulu consentir à expérimenter, le corps humain est polarisé comme un aimant ou plutôt comme un assemblage d'aimants.

L'axe principal divise latéralement le corps humain de droite à gauche. Le côté droit est positif, le côté gauche est négatif. La ligne neutre se trouve au sommet de la tête, et les pôles aux mains et aux pieds. Comme dans l'aimant en fer à cheval, les pôles du corps humain atteignent leur plus grande puissance à l'extrémité. Ce sont en effet les pieds et les mains qui sont les parties du corps dont l'action se fait le plus rapidement et le plus fortement sentir.

Un autre axe nous divise de l'avant à l'arrière, suivant en avant le nez, le menton, le sternum et le nombril, et en arrière la colonne vertébrale et la nuque. Le devant du corps est positif comme le côté droit, le derrière (colonne vertébrale et nuque) est négatif comme le côté gauche. Le point neutre est au périnée, les pôles sont au front et à la nuque.

Bien que participant à la polarité générale du corps humain, les membres ont leur polarité particulière. Les bras sont positifs du côté du petit doigt et négatifs du côté du pouce. Il en est de même pour les jambes : le côté du petit orteil est positif, le côté opposé est négatif.

Cette répartition de la polarité est celle qu'on rencontre le plus fréquemment, mais elle n'est pas constante. Elle peut même varier chez la même personne. Le professeur Durville reconnaît que la polarité est inverse chez les gauchers, incertaine chez les ambidextres. Le colonel de Rochas rapporte qu'il a vu une inflammation causée par un clou, sur un côté du cou, inverser la polarité du tronc du sujet. Enfin, par la suggestion, le docteur Liebengen a pu inverser la polarité.

Comme l'attraction des aimants

Deux aimants s'attirent par leurs pôles de noms contraires et se repoussent par leurs pôles de même nom.

Deux corps électrisés s'attirent s'ils sont chargés d'électricités contraires et se repoussent s'ils sont chargés de la même électricité.

Le corps humain est soumis aux mêmes lois.

Donnons un exemple :

La main gauche (négative) présentée au front (positif) d'un sujet sensitif l'attirera ; tandis que la même main (négative) présentée à la nuque (négative) repoussera. La main droite produira l'effet contraire.

Tous les sensitifs seront sensibles à ces impressions et chez quelques-uns les phénomènes se manifesteront avec une intensité extraordinaire.

Vous pouvez, en dehors de toute forme de suggestion, obtenir une série d'attractions et de répulsions qui confirmeront immédiatement les règles établies.

Ainsi qu'il a été déjà dit, choisissez votre sujet parmi les personnes les plus sensibles à l'action magnétique des mains à distance. Priez-le de se mettre dans un état passif. Faites-lui fermer les yeux et recommandez-lui de ne penser à rien, mais d'obéir aux impulsions qu'il pourrait ressentir. Dites-lui qu'il s'abandonne complètement, qu'il n'ait aucune crainte de tomber, car vous êtes là pour le retenir dans sa chute.

Afin de vous convaincre de l'action réelle du magnétisme, ne faites appel dans cette expérimentation ni à la suggestion mentale, ni à l'effort mental. Considérez-vous comme une machine produisant naturellement et par elle-même le magnétisme.

Comment expérimenter la fameuse « chute arrière »

Placez-vous derrière le sujet debout, et tendez la main droite à quelques centimètres de ses épaules. Sans qu'il soit nécessaire de la retirer plus ou moins lentement, comme il est recommandé dans l'expérimentation hypnotique, le sujet est *attiré* en arrière et tomberait si vous ne l'arrêtiez dans sa chute.

Votre main droite (positive) est en position avec le dos (négatif) du sujet, l'*attraction* se produit car il y a opposition de polarité.

... et la chute avant

Présentez la main gauche dans les mêmes conditions, le sujet sera *repoussé.* Si vous expérimentez sur un bon sensitif, celui-ci sera projeté violemment en avant.

Votre main gauche (négative) est en opposition avec le dos (négatif) du sujet, la *répulsion* se produit car il y a identité de polarité.

En vous plaçant devant le sujet, vous *l'attirerez* si vous présentez votre main gauche (négative) devant le sternum (positif de la polarité antéro-postérieure) car il y aura opposition *hétéronome.* Il sera au contraire *repoussé* par la main droite (positive).

Dans ces expériences, vous avez placé successivement les mains soit au milieu des épaules du sujet, soit en face du sternum ; vous avez donc agi sur la polarité antéro-postérieure.

Le choix du sujet est capital

Disons encore que ces expériences ne réussiront qu'à la condition expresse d'expérimenter sur de véritables sensitifs. Le choix des sujets est ici la condition essentielle du succès. Les bons sensitifs sont assez nombreux et nous ne doutons pas que le lecteur en rencontre tôt ou tard. Nous ne saurions trop répéter qu'il est absolument inutile de chercher à obtenir ces effets sur des sujets non sensitifs. Ces derniers peuvent être suggestibles et hypnotisables, mais ils ne peuvent être choisis en vue de l'expérimentation exclusivement magnétique.

Quels effets produit le magnétisme

Indépendamment des attractions et répulsions déjà étudiées, le magnétisme produit sur les sensitifs des effets physiologiques bien marqués.

Si l'on prolonge *l'action* de pôles de même nom l'activité organique est augmentée. Cette augmentation est caractérisée par une élévation de la température du corps du sujet, une augmentation notable de la force musculaire et de la sensibilité. Le nombre des pulsations du cœur et des mouvements respiratoires s'élève peu à peu. Le sensitif ressent une impression de chaleur ou plutôt de tiédeur désagréable, une lourdeur à la tête, de l'agitation, une oppression, un malaise général. L'augmentation de la force musculaire peut aller jusqu'à la contracture. Si l'on prolonge cette action, le sujet tombe dans le sommeil magnétique.

L'action de pôles de même signe est une action *excitante.*

L'action de pôles de noms contraires diminue l'activité organique. Cette diminution est caractérisée par un abaissement de la température du corps du sujet, un ralentissement dans les mouvements respiratoires et les pulsations du cœur. La force musculaire est diminuée, la sensibilité amoindrie. Le sensitif éprouve une impression de fraîcheur, de calme agréable, de légèreté, de bien-être. La diminution de la force musculaire peut aller jusqu'à la paralysie. Si le sujet est dans le sommeil magnétique, l'action hétéronome le réveille.

Actions calmantes et actions excitantes

Cette action tantôt *calmante,* tantôt *excitante* du magnétisme sert de base à toutes les thérapeutiques des magnétiseurs qui admettent la polarité. Dans les maladies, certains organes sont excités, d'autres, au contraire, sont en atonie. L'action magnétique rétablit l'équilibre et le retour à la santé en est la conséquence.

Placez-vous devant le sujet et présentez la paume de votre main droite sur son bras gauche. Au bout de quelques instants le bras du sujet sera *contracté* car votre main droite positive agit sur ce bras gauche négatif.

C'est une opposition *excitante.*

Placez ensuite votre main gauche négative sur le bras contracturé du sensitif. La contracture *disparaîtra.* Si vous prolongez cette action, le bras du sujet se paralysera.

C'est l'opposition *calmante.*

Le lecteur n'a qu'à donner libre cours à son imagination pour varier à l'infini les positions du sujet et de l'opérateur. Au lieu et place de la main, il peut employer les doigts réunis en pointe. Il obtiendra toujours les mêmes effets, c'est-à-dire : excitation, contracture en position de même polarité ; paralysie, calme, en position de polarité opposée.

Les objets magnétisés

Les bons sensitifs peuvent discerner les objets magnétiques de ceux qui ne le sont pas.

Placez sur une table plusieurs verres d'eau dont un seul est magnétisé. Le sujet saura reconnaître ce dernier. l'expérience pourra être tentée autant de fois qu'on le voudra, un véritable sensitif ne se trompera jamais.

L'entraînement développe à un degré extraordinaire la faculté de perceptivité de l'agent magnétique. L'expérience suivante, qui confond toujours les témoins les plus incrédules, a été réalisée bien souvent avec de bons sensitifs régulièrement entraînés.

Réunissez quelques personnes et faites magnétiser par chacune d'elles un objet semblable, ceci en l'absence du sujet. Disposez ensuite les corps magnétisés, de façon à pouvoir contrôler les résultats de l'expérience et mettez le sensitif en présence des objets. Il rendra à chacune des personnes l'objet magnétisé par elle.

Entraînez peu à peu vos sensitifs à percevoir l'action magnétique de vos mains à une distance de plus en plus grande. Certains peuvent être impressionnés à des distances énormes. Sur quelques-uns cette action se fera sentir à cinq, dix, vingt et même cinquante mètres.

L'action du magnétisme peut s'exercer à travers les corps solides. Il vous est possible d'influencer vos sensitifs à travers une porte ou un mur.

L'agent magnétique rayonne de tout le corps, mais il existe des parties du corps qui le produisent avec plus d'abondance. Les sources principales du magnétisme humain sont : *les mains, les yeux, les poumons* (par le souffle).

Une technique vieille comme le monde

Les mains sont les parties du corps où la tension magnétique est le plus élevée. De plus, elles permettent de diriger aisément l'action magnétique. C'est par *l'imposition* des mains que les thaumaturges des temps passés guérissaient les malades ; c'est par l'*application* et les *passes* que les magnétiseurs modernes obtiennent les cures les plus extraordinaires. Le recours à la main comme agent de guérison se perd dans la nuit des temps.

Les cinq procédés de magnétisation

On emploie aujourd'hui cinq procédés différents de magnétisation par les mains : *l'imposition, l'application, les passes, l'effleurage et les frictions.*

Il n'est pas possible d'étudier ici en détail la technique précise de chacun de ces procédés. Leur nom indique clairement de quoi il s'agit.

L'imposition consiste à placer une main ou les deux mains (selon les effets de polarité recherchés) à une distance de 1 à 5 cm du corps du sujet à magnétiser et à les laisser immobiles. Dans l'application, la main est en contact avec le corps, tout en restant immobile. La passe, au contraire, consiste à déplacer la main parallèlement au corps du sujet. L'effleurage consiste à toucher avec beaucoup de légèreté mais en maintenant la main en mouvement comme dans la passe. Enfin la friction combine le contact et le mouvement de façon plus accusée. Pour donner une idée plus précise de la technique et de la pratique du magnétisme nous aurons de nouveau recours à Deleuze dont les explications sont toujours très claires. On suppose bien entendu que le magnétiseur est déjà entraîné à la pratique des passes magnétiques avec les mains.

« Je crois, dit-il, devoir distinguer les passes que l'on fait sans toucher, de celles qu'on fait en touchant non seulement avec le bout des doigts, mais avec toute l'étendue de la main et en employant une légère pression. Je donne à ces dernières le nom de *frictions magnétiques !* On en fait souvent usage pour mieux agir sur les bras, sur les jambes et derrière le dos, tout le long de la colonne vertébrale.

Cette manière de magnétiser par les passes longitudinales, en dirigeant le fluide de la tête aux extrémités, sans se fixer sur aucune partie de préférence aux autres, se nomme *magnétiser à grands courants*. Elle convient plus ou moins dans tous les cas, et il faut l'employer dans les premières séances, lorsqu'on n'a pas de raison d'en choisir une autre. Le fluide est ainsi distribué dans tous les organes, et il s'accumule de lui-même dans ceux qui en ont besoin. Aux passes faites à petite distance, on en joint, avant de finir, quelques-unes à la distance de deux ou trois pieds. Elles produisent ordinairement du calme, de la fraîcheur et un bien-être sensible.

Il est enfin un procédé par lequel il est très avantageux de terminer la séance. Il consiste à se placer à côté du malade qui se tient debout, et à faire à 30 cm de distance avec les deux mains, dont l'une est devant le corps et l'autre derrière le dos, sept ou huit passes en commençant au-dessus de la tête et en descendant jusqu'au plancher le long duquel on écarte les mains. Ce procédé dégage la tête, rétablit l'équilibre et donne des forces. »

Ne pas agir en force

Pour faire les passes, il ne faut jamais employer aucune force musculaire autre que celle qui est indispensable pour soutenir la main et l'empêcher de tomber. On doit mettre de l'aisance dans ses mouvements et ne pas les faire trop rapides. Une passe de la tête aux pieds peut durer environ une demi-minute. Les doigts de la main doivent être un peu écartés les uns des autres, et légèrement courbés, de manière que le bout des doigts soit dirigé vers celui qu'on magnétise.

C'est par l'extrémité des doigts et surtout par les pouces que le fluide s'échappe avec le plus d'activité. C'est pour cela qu'on prend d'abord les pouces du malade et qu'on les tient dans les moments de repos. Ce procédé suffit ordinairement pour établir le rapport. Il est un autre procédé que vous emploierez avec succès pour fortifier ce rapport. Il consiste à opposer vos dix doigts à ceux du malade, de manière que l'intérieur de vos mains soit rapproché de l'intérieur des siennes, et que la partie charnue de vos doigts touche la partie charnue des siens, les ongles en dehors. Il paraît qu'il sort beaucoup moins de fluide de la surface extérieure, et c'est une des raisons pour lesquelles on détourne les mains en remontant sans les écarter beaucoup du corps.

En ce qui concerne les passes, Deleuze a remarqué que les doigts rapprochés et présentés par la pointe agissaient plus vivement et concentraient mieux le fluide que la main étendue.

La suggestion pendant le sommeil magnétique

Deleuze a observé les effets extraordinaires obtenus par suggestion verbale dans le somnambulisme provoqué.

Il y a, dit-il, des somnambules parfaitement concentrés et dont les facultés intérieures sont tellement énergiques, qu'ils agissent sur eux-mêmes par leur propre force et conformément à la volonté qui leur a été communiquée par le magnétiseur. Celui-ci fait cesser un mal de tête, une douleur au côté, uniquement parce qu'il l'ordonne.

Il admet encore l'action de la suggestion mentale et

la possibilité de transmettre à distance et sans intermédiaire l'agent magnétique.

« Il est aussi, dit-il, des hommes doués d'une telle puissance magnétique, qu'ils peuvent agir sur les malades très sensibles et parfaitement en rapport avec eux, en dirigeant l'action sur telle ou telle partie, par la pensée et par le regard... »

Deleuze étudie également le somnambulisme artificiel et les procédés à employer pour provoquer cet état :

Tout le monde sait que certaines personnes marchent, parlent et agissent pendant le sommeil, et que lorsqu'elles sont éveillées, elles ne conservent aucun souvenir de ce qu'elles ont fait. On donne à ces personnes le nom de *somnambules,* qui signifie marchant pendant le sommeil, et à l'état dans lequel elles se trouvent le nom de somnambulisme.

La ressemblance apparente du somnambulisme spontané avec une crise que le magnétisme produit, a fait donner à cette crise le nom de *somnambulisme magnétique* (1).

Qu'est-ce que l'hypnose ?

L'hypnose est un état pendant lequel celui qui s'y trouve a l'air de dormir. Si son magnétiseur lui parle, il répond sans se réveiller ; il peut même exécuter divers mouvements, et lorsqu'il revient à l'état naturel il ne conserve aucun souvenir de ce qui s'est passé. Ses yeux sont fermés, il n'entend ordinairement que ceux qu'on a mis en rapport avec lui. Les organes extérieurs des sens sont tous ou presque tous assoupis, et cependant il éprouve des sensations, mais par un

1. *Depuis Charcot on préfère l'appellation d'état d'hypnose.*

autre moyen. Il se réveille en lui un sens intérieur, qui est peut-être le centre des autres, ou une sorte d'instinct qui l'éclaire sur sa conservation. Il est soumis à l'influence de celui qui le magnétise, et cette influence peut être utile ou funeste selon les dispositions et la conduite du magnétiseur... Plusieurs hypnotiseurs chargent beaucoup la tête pour produire le somnambulisme, et par ce moyen, ils parviennent souvent à obtenir un assoupissement forcé, un reflux vers le cerveau, et des demi-crises qui ne sont d'aucune utilité ; cette méthode n'est point sans danger. Il vaut mieux employer tout simplement le magnétisme à grands courants, et ne pas plus charger la tête que les autres parties. Si la nature est disposée à cet état d'hypnose, le fluide se portera de lui-même au cerveau, et la disposition au somnambulisme s'annoncera, parce que le malade sera dans un état de calme, que ses yeux se fermeront, et qu'il s'endormira. On peut alors, sans inconvénient, passer cinq ou six fois, à très peu de distance, l'extrémité des doigts devant les yeux, pour donner plus d'intensité au sommeil.

Questions au sujet hypnotisé

On demande ensuite au malade comment il se trouve, ou bien s'il dort. Alors de trois choses l'une : ou il se réveille, ou il ne répond pas, ou il répond.

S'il se réveille, il n'y a plus d'hypnose, et il n'y faut plus penser pendant le cours de la séance. S'il continue de dormir sans répondre, on peut supposer un commencement d'hypnose. S'il répond sans se réveiller, et qu'après son réveil, il ne se souvienne pas de vous avoir entendu, l'hypnose est réelle.

Dans le cas où le malade continue de dormir sans

vous entendre, vous continuez de le magnétiser comme je l'ai indiqué, et vous attendrez, pour lui faire une seconde question, le moment qui précède celui où vous croyez devoir terminer la séance. S'il ne répond pas plus à cette question qu'à la première, vous le laisserez dormir tranquillement, ou si vous jugez nécessaire de le réveiller, vous vous contenterez de faire pour cela des passes transversales à distance, en l'invitant doucement à se réveiller, et non en le lui commandant d'un ton d'autorité.

Si le sujet témoigne par un signe qu'il vous entend, sans pourtant vous répondre, vous vous garderez bien de le presser de parler, il est trop heureux qu'il puisse être quelque temps à lui-même pour se recueillir, s'accoutumer à son nouvel état, et mettre de l'ordre dans ses idées. Seulement, vous lui demanderez de vous indiquer par un mouvement de tête s'il veut être réveillé ou s'il veut dormir encore, et vous vous conformerez autant que possible à son désir. Vous continuerez de la même manière dans les séances suivantes. Cependant si cet état d'hypnose se prolonge, vous lui demanderez s'il espère acquérir bientôt la faculté de parler ? Si vous le magnétisez bien ? S'il se trouve bien du magnétisme ? Toutes questions auxquelles il peut répondre par un signe et sans effort.

Soyez maître de vous-même, soyez patient, gardez-vous d'employer votre volonté à influencer votre malade pour qu'il parle ou pour que son hypnose s'accentue. N'ayez qu'une intention, ne formez qu'un vœu, celui de faciliter la guérison, et laissez la nature employer d'elle-même le surcroît de force que vous lui donnez.

Des précautions à prendre

Il arrivera peut-être que l'hypnose n'ira pas plus loin, mais qu'importe, votre but n'est pas d'hypnotiser le malade, mais de le guérir. Observez seulement que ce demi-sommeil exige des précautions particulières, telles que de ne pas laisser approcher du malade ceux qui ne sont pas en rapport avec lui, de ne pas le contrarier, de ne pas le réveiller brusquement, de continuer à vous occuper de lui.

Si votre malade parle, et qu'à la question : *Dormez-vous ?* il réponde *oui,* il est en état d'hypnose, mais il ne s'ensuit pas qu'il soit doué de clairvoyance.

On a distingué plusieurs degrés ou plusieurs nuances dans l'hypnose. Il est inutile de vous occuper de tout cela, et je n'ai pas besoin d'entrer dans cet examen pour vous indiquer la marche la plus simple, la plus sûre, et pour vous enseigner à retirer tous les avantages possibles de l'hypnose à quelque degré qu'elle puisse parvenir.

Lorsque votre sujet aura répondu affirmativement à la première question : *Dormez-vous ?* vous pourrez lui en adresser d'autres. Ces questions seront simples, claires, graduées et nettement circonscrites ; elles seront faites lentement, en mettant un intervalle entre elles, et laissant au sujet tout le temps qu'il veut pour y réfléchir. Si vous avez bien su réprimer chez vous une curiosité qui est toujours plus ou moins nuisible, si vous ne vous étonnez point de voir quelqu'un qui dort vous répondre avec netteté, si vous n'avez d'autre but que de faire du bien, si vous ne songez point à recueillir des observations, vous ne ferez que les questions nécessaires. La réponse qui sera faite aux premières vous en indiquera d'autres toujours relatives aux moyens de guérir le malade.

Questions de contrôle

Voici un exemple de la série de questions que vous ferez d'abord à votre somnambule :

Vous trouvez-vous bien ?

Les procédés que j'emploie vous conviennent-ils ?

Voulez-vous m'en indiquer d'autres ?

Combien de temps faut-il vous laisser dormir ?

Comment faut-il vous réveiller ?

Quand faut-il vous hypnotiser de nouveau ?

Avez-vous quelques conseils à me donner ?

Croyez-vous que je réussirai à vous guérir ?

Voilà certainement assez de questions pour le premier jour où le sujet aura été hypnotisé. A la séance suivante, l'hypnose doit se produire plus vite ; vous ne chercherez pourtant pas à le ramener promptement en chargeant la tête. Vous emploierez d'abord le magnétisme à grands courants, et lorsque votre sujet vous aura dit qu'il dort, vous lui laisserez encore quelque temps pour se recueillir.

Conduite des opérations

Alors, après avoir répété quelques-unes des questions précédentes, vous lui demanderez s'il voit son mal. S'il vous dit *oui,* vous l'inviterez à vous le décrire ; s'il vous dit *non,* vous l'engagerez à chercher à le voir, et vous soutiendrez son attention. Vous prendrez garde à ne pas tourner vos questions de manière à lui suggérer des réponses qu'il pourrait faire sans avoir réfléchi, ou par paresse, ou pour vous plaire ; vous ne l'occuperez absolument que de lui-même, de sa maladie et des moyens de la guérir.

Une fois qu'il vous aura expliqué ce qu'il pense de la nature de son mal, de ses causes, de ses suites, des crises auxquelles il s'attend, vous lui demanderez de chercher les remèdes qu'il est à propos de joindre à l'hypnotisme ; vous l'écouterez avec attention ; vous prendrez note de ce qu'il vous dira, si vous craignez de l'oublier ; vous lui demanderez s'il est bien sûr de l'effet que produiront ses prescriptions ; et si dans le nombre il se trouvait quelque chose qui vous parût ne pas convenir, vous lui proposeriez vos objections.

Vous aurez surtout bien soin de vous informer des crises qui doivent amener sa guérison, pour n'être jamais alarmé de celles qu'il aura annoncées, et pour bien savoir le moyen de les calmer.

Vous serez exact à hypnotiser aux heures qu'il aura indiquées et par les procédés qu'il aura jugés convenables. Vous lui demanderez quelles sont les choses qu'il faut lui laisser ignorer, quelles sont celles dont il est à propos de le prévenir et quels moyens il faut prendre pour lui faire exécuter ses prescriptions.

Lorsqu'il sera éveillé, vous lui laisserez entièrement ignorer qu'il a été hypnotisé, et vous ne lui laisserez pas soupçonner qu'il a parlé, à moins que de lui-même il vous ait expressément recommandé de l'en avertir, soit pour le ramener sur quelque chose qui l'inquiète, soit pour le déterminer à suivre un régime, ou à faire une chose utile, et qui le contrarie dans l'état de veille. Dans ce cas, vous ne lui direz que ce qu'il a cru absolument nécessaire de savoir, et vous le prierez de n'en parler à personne...

Il est des sujets doués d'une clairvoyance surprenante, et qui se porte sur des objets éloignés, entièrement étrangers à ce qui les intéresse dans l'état de veille...

Si votre sujet donne des preuves d'une lucidité remarquable, et qu'il vous affirme qu'il est en état de connaître la maladie d'un autre comme la sienne, et que cette consultation ne le fatiguera point, vous pouvez y consentir, pour rendre service à une personne qui le désire et qui a confiance en lui.

Avant de présenter un malade à votre sujet vous lui ferez toucher quelque chose que ce malade aura porté, pour qu'il vous dise s'il n'éprouve point de répugnance, et s'il ne voit aucun danger à se mettre en communication avec lui. Quand vous aurez introduit le malade, vous exigerez qu'il ne parle que de sa santé, et si la conversation prenait une autre tournure, vous vous y opposeriez...

Lorsque le sommeil est poussé beaucoup plus loin, on arrive jusqu'aux phénomènes d'extériorisation et de dédoublement. Nous étudierons ces extraordinaires phénomènes dans un volume spécial.

Pour magnétiser l'eau

Deleuze nous enseigne aussi que certains corps ont la propriété d'emmagasiner le magnétisme.

« L'eau magnétisée, dit-il, est un des agents les plus puissants et les plus salutaires que l'on puisse employer. On en fait boire aux malades avec lesquels le rapport est établi, soit pendant les repas, soit dans l'intervalle des repas. Elle porte directement le fluide magnétique dans l'estomac, et de là dans tous les organes ; elle facilite les crises auxquelles la nature est disposée, et par cette raison tantôt elle excite la circulation du sang, elle fortifie l'estomac, elle apaise les douleurs, et souvent elle peut tenir lieu de plusieurs médicaments.

Pour magnétiser de l'eau, on prend dans ses mains le vase qui la contient, et l'on passe alternativement ses deux mains le long de ce vase de haut en bas. On introduit le fluide par l'ouverture du vase en y présentant à plusieurs reprises les doigts rapprochés, et on fait aller son haleine sur l'eau, on peut quelquefois l'agiter avec le pouce. On magnétise un verre en tenant le verre par le fond dans une main, et projetant de l'autre le fluide au-dessus du verre.

On peut magnétiser une carafe d'eau en deux ou trois minutes, un verre d'eau en une minute ; il est inutile de répéter ici que les procédés indiqués pour magnétiser l'eau, comme toute autre chose, seraient absolument inutiles, s'ils n'étaient employés avec attention, et avec une volonté déterminée.

J'ai vu l'eau magnétisée produire des effets si merveilleux que je craignais de me faire illusion, et que je n'ai pu y croire qu'après des milliers d'expériences. En général, les magnétiseurs n'en font pas assez d'usage ; ils s'épargneraient à eux-mêmes beaucoup de fatigue, ils dispenseraient leurs malades de plusieurs remèdes, ils accéléreraient la guérison, s'ils accordaient à ce moyen toute la confiance qu'il mérite. »

Et la suggestion pendant le sommeil naturel ?

Certains médecins se sont dit que les merveilleux résultats obtenus par hypnose, sommeil artificiellement provoqué, pourraient sans doute être atteints de la même façon pendant que le sujet dort d'un sommeil naturel, ce qui éviterait d'avoir recours à l'hypnotisme. En outre, le procédé serait applicable à des personnes qu'il est impossible d'hypnotiser ou trop difficile à hypnotiser. Ce qui est indéniable, c'est que l'on peut influencer quelqu'un pendant son sommeil, par simple suggestion.

Voici comment procédait le docteur Paul Farez :

« Le soir, quand le malade est endormi, je pénètre sans bruit dans sa chambre. Je me tiens d'abord à quelques mètres du lit, et, d'une voix très basse, à peine perceptible, sur un rythme lent, monotone, je commence à articuler les deux syllabes *dor...mez, dor...mez,* que je suis prêt à répéter sans aucune impatience aussi longtemps que cela sera nécessaire. Petit à petit, je m'approche du lit et j'arrive bientôt à quinze ou vingt centimètres de l'oreille du dormeur ; je n'ai pas cessé un seul instant d'articuler mes deux syllabes sur le même rythme lent et monotone, d'une voix à peine audible.

Lorsque je suis près de l'oreille du dormeur, je continue à nettement articuler mes deux syllabes uniformément scandées ; je maintiens le même rythme, mais, au bout de quelques minutes, je hausse le ton ; ma voix augmente d'intensité, petit à petit, sans soubresaut, sans heurt, sans brusquerie ; puis je maintiens l'intensité uniforme et constante.

Afin d'articuler suivant un rythme isochrone chaque couple de syllabes dor...mez, je m'applique à les rendre synchrones aux mouvements respiratoires du sujet ; en d'autres termes, chaque syllabe *dor...* est énoncée pendant chaque inspiration, chaque syllabe *mez...* pendant chaque expiration.

Or, j'ai remarqué que, si, au bout d'un temps certes variable, je modifiais légèrement le rythme de mes paroles, le rythme respiratoire du malade était modifié de même, accéléré ou retardé, suivant que mon rythme vocal était lui-même accéléré ou retardé.

Lorsque, ainsi, j'ai pu agir indirectement et comme à volonté sur les mouvements respiratoires du sujet, j'estime qu'il se trouve à point et que le moment est propice pour la suggestion ; la période préparatoire est terminée, la phase véritablement active commence.

Les suggestions seront exprimées avec netteté, concision et autorité, en phrases brèves, concises, martelées, réduites au strict minimum.

Combien de temps doit durer une séance ?... une séance comme je la conçois ne peut guère comporter moins d'une demi-heure. »

Hansen rapporte que, dans son enfance, il s'amusait pendant la nuit à suivre les lits du dortoir de sa pension, faisant des suggestions à ses camarades endormis.

Les actes ainsi suggérés étaient exécutés le lendemain par le plus grand nombre des élèves, qui ne se doutaient pas réaliser ainsi des suggestions faites à leur insu.

Certaines personnes répondent, dans leur sommeil, aux questions qu'on leur adresse, exécutent immédiatement les actes qu'on leur commande, sont susceptibles de toutes sortes d'illusions et d'hallucinations, et ne conservent pas au réveil le souvenir de ce qui s'est passé. Parfois, la communication s'obtient plus aisément si l'opérateur prend dans sa main la main de la personne endormie. Aucune précaution n'est à prendre avec les personnes sujettes à des accès plus ou moins marqués de somnambulisme. Avec de tels sujets, on obtient avec une facilité extraordinaire tous les phénomènes hypnotiques, ces personnes agissant dans leur sommeil naturel comme dans les états suggérés de l'hypnose.

La guérison de l'alcoolisme

On a aussi utilisé l'hypnotisme pour la guérison de l'alcoolisme. On a remarqué, en effet, que les alcooliques étaient des sujets très sensibles à l'hypnose, s'endormant très facilement, et se montrant particulièrement réceptifs aux paroles prononcées. Voici un exemple des expériences pratiquées sur des ivrognes se prêtant, de leur plein gré, à ces tests.

Dans la main droite du patient endormi, est placé

un verre d'eau. Le réflexe de l'intoxiqué est de le porter à ses lèvres, mais le docteur arrête le mouvement en lui immobilisant le bras par un ordre impérieux. Plongé dans le sommeil hypnotique, ce Tantale d'un nouveau genre est bien forcé d'obéir. il lui est ensuite ordonné d'agir de même à l'état de veille :

– Lorsque, dit le médecin, on vous offrira un verre, votre bras tout à coup ne vous obéira plus. Mais cela ne suffit pas, c'est votre volonté que je viens de recréer qui vous fera cesser réellement de boire. Vous songerez à votre famille, à votre travail, à votre santé.

Au bout de quelques semaines, selon la gravité du cas et les prédispositions du malade, celui-ci s'arrête généralement de boire, sous l'emprise des paroles entendues durant son sommeil artificiel. On ne peut savoir si cette guérison est l'effet de quelque magnétisme du médecin ou de la foi du malade en lui, mais les faits sont là.

Le même procédé peut servir à guérir la kleptomanie

Voici le cas d'un garçon de treize ans dont les poches étaient, tous les soirs, remplies de toutes sortes d'objets dérobés dans les maisons qu'il visitait. On plaça sur une table à côté de lui une montre en or : « Vois-tu cette montre, lui dit l'opérateur lorsque l'enfant fut endormi. – Oui, répondit l'enfant ; et il la mit dans sa poche d'un geste rapide. – C'est ce que tu as l'habitude de faire, continua le docteur ; eh bien ! maintenant, tu vas restituer cette montre à son propriétaire. L'air dépité, le kleptomane obéit. – Tu agiras toujours ainsi. S'il t'arrive de succomber à la tentation, tu auras honte aussitôt d'avoir volé et tu t'empresseras de rendre l'objet que tu auras pris... »

Et ces discours, que le jeune garçon n'aurait même pas écoutés à l'état de veille s'inscrivirent profondément dans son cerveau.

Une autre fois, le psychologue usa d'un autre artifice. Il plaça à portée du kleptomane une pièce de monnaie. L'enfant essaya de s'en emparer, mais il avait beau vouloir l'attraper, sur la table, sa main ne parvenait pas à agripper l'objet. « Il en sera de même pour tout ce que vous tenterez de voler », lui déclara le thérapeute.

Au bout d'un mois, le jeune sujet avait perdu son « vice » et ses progrès en classe étaient spectaculaires !

L'hypnotisme et la télépathie...

En dehors des applications médicales, certains ont réalisé avec des sujets hypnotisés des expériences de vision à distance. Ce phénomène est bien connu, mais nous l'illustrerons, en conclusion de ce chapitre, par l'expérience que rapporta M. de Laborde dans un article de la revue des Deux Mondes de 1841, consacré à ses Recherches sur la Magie Égyptienne. Il s'agit tout simplement d'un cas d'hypnotisme provoqué par fixation d'un point lumineux et qui donne, lieu, ici, à un phénomène de voyance à distance.

Alors qu'il était au Caire, Laborde entendit parler des merveilles qu'opérait un magicien arabe nommé Achmed. Il le rencontra et le pria de réaliser une expérience. Voici comment Laborde nous rapporte les faits.

Le magicien était un homme de trente ans, grand beau, d'une physionomie douce et affable ; il avait le regard vif, perçant et même accablant, et, pour cela, évitait de fixer ses yeux sur ceux d'autrui, car il connaissait la puissance de son regard. Au jour indiqué pour la séance, M. de Laborde s'y rendit, accompagné de plusieurs personnes, parmi lesquelles était lord Prudhoe ; quelques enfants étaient aussi présents, les uns européens, les autres arabes. Toute la société s'étant rangée en cercle, le magicien fit asseoir un des enfants auprès de lui, et, lui ayant pris la main, le regarda attentivement. Cet enfant, âgé de douze ans, fils d'un Européen, avait été élevé dans le pays et parlait facilement l'arabe. Achmed lui dit, en tirant son écritoire de sa ceinture : « Enfant, n'aie pas peur, je vais t'écrire quelques mots dans la main et tu y regarderas. » Il traça dans la main de l'enfant un carré au milieu duquel il inscrivit quelques chiffres, puis il versa dessus l'encre contenue dans l'encrier.

– Vois-tu ton image, lui demanda le magicien.

– Oui, répondit l'enfant.

Le magicien prit alors un réchaud, y jeta quelques parfums, et, plongeant ses regards dans les yeux de l'enfant, l'engagea à regarder de nouveau dans sa main, en l'avertissant qu'il allait voir passer un soldat turc.

Une grande frayeur...

Le silence était profond ; l'enfant avait les yeux fixés sur sa main, la fumée s'élevait en épais flocons du réchaud, répandant une odeur aromatique ; Achmed, de sa voix tantôt faible et douce, tantôt bruyante et saccadée, semblait commander à l'apparition, quand tout à coup, l'enfant s'écria, en jetant sa tête en arrière, qu'il ne voulait plus regarder, qu'il avait vu une figure horrible, et ses traits annonçaient une grande frayeur.

Le magicien dit, sans paraître étonné :

« Cet enfant a peur, il faut le laisser ; car si l'on continuait, son imagination serait trop vivement frappée. »

On prit un enfant arabe qui se prêta fort tranquillement aux préparatifs magiques. L'encre fut versée dans sa main, les parfums s'élevèrent en fumée et le magicien chanta une prière d'une voix tantôt forte et d'autres fois légère, étouffée ; puis, s'adressant à l'enfant :

– Regarde bien, vois-tu quelque chose ?

– Oui, le voilà !

– Que vois-tu ?

– Le soldat.

– Comment est-il habillé ?

– Il a une veste rouge, brodée d'or, un turban sur la tête et des pistolets à la ceinture.

– Que fait-il ?

– Il déploie un tapis devant une tente rayée de rouge et de vert avec des boules d'or en haut.

– Regarde qui vient à présent ?

– C'est le Sultan suivi de ses gardes... Oh ! que c'est beau !

Et l'enfant regardait dans sa main avec une attention qui annonçait son plaisir de voir le Sultan et sa cour.

– Comment est son cheval ?

– Blanc, avec des plumes sur la tête.

– Et le Sultan ?

– Il a une barbe noire et un turban vert.

L'enfant fit une longue description du cortège qui accompagnait le Sultan, il le vit descendre de cheval et s'asseoir dans la tente où des officiers lui apportèrent une longue pipe.

Fais paraître Shakespeare

Le magicien se tourna vers la société en disant :

– Messieurs, vous pouvez nommer les personnes que vous désirez faire paraître, n'importe la distance du pays où elles se trouvent et le temps où elles vivaient ; il suffit de les nommer pour que l'enfant les voie apparaître dans le creux de sa main.

– Fais paraître Shakespeare, dit lord Prudhoe.

Le magicien répète la demande :

– Enfant, ordonne au soldat que tu vois de t'amener Shakespeare.

Et l'enfant cria d'une voix de maître :

– Soldat, amène ici Shakespeare.

Quelques secondes après, l'enfant s'écria : « Le voilà ! »

– Comment est-il ?

– Il porte une barbe longue et un manteau noir ; tous ses vêtements sont noirs.

– Où est-il né ?

– Dans un pays entouré d'eau, une île bien loin d'ici.

Cette réponse étonna beaucoup lord Prudhoe, qui ajouta : « Faites venir Cradock. »

M. Cradock se trouvait à ce moment-là en mission diplomatique auprès du pacha à Alexandrie. L'enfant ordonna au soldat invisible d'amener M. Cradock, et fut obéi.

– Comment est-il habillé, demanda lord Prudhoe.

– Il a un habit rouge et un grand chapeau noir. Oh ! quelles drôles de bottes, elles sont noires, et lui montent jusqu'aux genoux.

Toutes ces réponses, d'une exactitude frappante, étaient d'autant plus extraordinaires, qu'elles indiquaient d'une manière évidente, que l'enfant voyait devant lui des choses tout à fait neuves, hommes et costumes. Shakespeare, avec sa barbe et le petit manteau noir de son époque ; M. Cradock, avec son chapeau à trois cornes et ses bottes noires par-dessus le pantalon.

On demanda plusieurs autres apparitions qui se succédèrent toutes avec la même exactitude ; mais Achmed, ayant fait observer que l'enfant suait, respirait péniblement, était fatigué, lui releva la tête en lui appliquant les pouces sur les yeux, et termina la séance.

La profonde attention de Laborde et son vif étonnement lui firent craindre quelque mystification. Il résolut donc d'acheter le secret d'Achmed, afin de connaître à fond tout ce mystère. En effet, moyennant une autre somme d'argent, l'Arabe consentit à lui apprendre son art.

« Je puis, lui disait Achmed, par le geste, la voix et le regard, endormir telle ou telle personne, la faire tomber, rouler par terre, et la forcer à répondre à mes questions. »

Laborde observa que les gestes et mouvements d'Achmed offraient une grande analogie avec ceux de nos magnétiseurs européens, et il pensa que l'art magique de l'Arabe était tout simplement du magnétisme entremêlé de pratiques superstitieuses et de formules plus ou moins insignifiantes.

Après quelques leçons, Laborde essaya sur des enfants l'art qu'il venait d'apprendre et obtint les mêmes résultats qu'Achmed. »

CINQUIÈME PARTIE

L'OCCULTISME A NOTRE ÉPOQUE

Si, dans ce volume, nous avons donné une large place au spiritisme d'Allan Kardec, aux expériences de Crookes, à l'hypnotisme de Deleuze et de Rochas, c'est parce qu'on ne peut avoir une vision claire de ces phénomènes sans avoir accompagné dans leurs démarches ces grands noms de l'occultisme. Il ne faudrait cependant pas en conclure que le spiritisme d'Allan Kardec et que le magnétisme de Deleuze sont des phénomènes du passé. D'une part, chaque jour des personnes refont des expériences que ces maîtres nous ont enseignées, d'autre part, l'hypnotisme est devenu un phénomène scientifique. C'est cette banalisation de l'hypnotisme qui l'a privé d'une partie de l'attrait qu'exercent sur nous l'inconnu, le mystérieux. En fait, l'occultisme a pris forcément un visage nouveau dans cette seconde moitié du xxe siècle, ce qui répétons-le, n'empêche pas les phénomènes dont nous avons longuement parlé de se produire. Apparitions, maisons hantées, communications avec l'audelà, (les extra-terrestres sont-ils bien différents des Esprits dont nous parle Allan Kardec ?), actions à distance sur la matière, télépathie, magnétisme, guérisons extra-médicales, tout cela existe plus que jamais à notre époque et nos confrères en reparleront en détail dans d'autres volumes spécialisés. Avant d'achever ce livre, nous voudrions néanmoins évoquer rapidement quelques phénomènes tout à fait contemporains. Nous vous raconterons l'histoire d'Arrigo, le merveilleux guérisseur brésilien. Nous vous exposerons comment on expérimente à notre époque les phénomènes de transmission de pensées ; nous vous indiquerons comment on peut agir sur les autres à distance et enfin nous consacrerons un dernier chapitre à Uri Geller qui semble posséder à fond les techniques de l'occultisme moderne.

CHAPITRE PREMIER

LE GUÉRISSEUR BRÉSILIEN QUI STUPÉFIA LES MÉDECINS AMÉRICAINS

Grâce au Dr Andrija Puharich on connaît mieux, depuis quelques années, la merveilleuse histoire d'Arigo, un guérisseur brésilien qui pratiquait la médecine et la chirurgie à la manière de ces fameux guérisseurs philippins (auxquels un volume de cette collection sera consacré), mais son histoire est beaucoup plus émouvante.

Un homme simple

Arigo était un homme de taille moyenne, aux épaules larges et solides, à la physionomie chaleureuse. Il émanait de lui, aux dires de tous ceux qui l'ont approché une vigueur rayonnante. Il vivait à Congonhas do Campo, village se trouvant à environ trois cents kilomètres au nord de Rio de Janeiro. Cet homme simple d'apparence avait la réputation de pouvoir pratiquer des interventions chirurgicales importantes sur des humains, sans avoir recours à une quelconque forme d'anesthésie, d'hémostasie ou d'antiseptie. On faisait appel à lui dans les cas les plus désespérés, et il enregistrait des réussites extraordinaires.

Cinquante malades à l'heure !

Il travaillait dans une chapelle en ruine et pouvait traiter à la suite plus de deux cents malades en quatre heures. Il adressait tout d'abord un discours aux patients, selon lequel il n'était que l'agent de puissances supérieures, et que lui-même utilisait l'esprit d'un certain Adolfo Fritz, mort en Allemagne en 1918. Puis il commençait ses guérisons. Il prenait un homme par l'épaule et introduisait dans un de ses globes oculaires un couteau effilé, sans aucune précaution anti-inflammatoire. Le malade restait calme sans apparence de souffrance. Lorsqu'il exécutait cela devant des notabilités médicales, il faisait ressortir la pointe du couteau au dessus de l'œil afin que l'on put la sentir au travers de la peau. Lorsque la lame était retirée de l'œil on ne pouvait voir aucune plaie ou rougeur sur l'incision pratiquée.

Il soignait gratuitement

Arigo était vénéré ; les malades se tenaient en longues files patientes. Il n'y avait aucun examen, aucun diagnostic ; le malade se présentait devant lui et il savait comment agir. Chaque opération durait en moyenne trente secondes et le même couteau servait pour tous les patients. Chaque fois qu'il l'avait utilisé il se contentait de l'essuyer sur sa chemise. Il n'y avait aucun saignement, aucun cri, tout se déroulait dans le silence et le recueillement. Il avait aussi le pouvoir de délivrer des ordonnances, mais il n'utilisait que des médicaments reconnus par les autorités médicales et non point les décoctions d'herbes qu'on aurait pu attendre d'un guérisseur tel que lui. Cette étrange activité ne lui rapportait pas d'argent. Lorsqu'il ne s'occupait pas de guérisons, Arigo était fonctionnaire à plein temps.

Un médecin se fait opérer

Un médecin abasourdi par ces démonstrations, le Dr Andrija Puharich, voulut se prouver qu'il n'était pas l'objet d'une hallucination. Il demanda au guérisseur de le débarrasser d'une tumeur logée dans son bras ; Arigo accepta sans difficulté de l'opérer. Puharich raconte que lorsqu'il se présenta devant Arigo, celui-ci demanda dans l'assistance si personne n'avait un couteau de poche. Il en refusa un, le trouvant terne et finalement accepta un couteau suisse. Puis il demanda à son patient de détourner les yeux. Cinq secondes après, celui-ci put contempler une tumeur ovoïde que Arigo montrait à l'assistance. Il n'avait ressenti aucune douleur. Sur la plaie, seul était visible un filet de sang sur une incision longue d'un centimètre et demi. Arigo déclara que par sa bouche, l'esprit du docteur Fritz souhaitait que tous les médecins les plus connus vinssent assister à ses guérisons. Il regrettait de ne pouvoir se livrer à des interventions plus importantes en raison du procès qu'on lui intentait pour exercice illégal de la médecine.

A la suite de cette opération, le Dr Puharich dit n'avoir souffert d'aucune inflammation, et n'avoir mis aucun bandage, dès le quatrième jour. Un film avait été pris de toute cette scène, ce qui excluait un phénomène d'hallucination collective.

Un étrange appel téléphonique

En janvier 71, le Dr Andrija Puharich, ami d'Arigo reçut un appel téléphonique dans son bureau à New York. Une voix de femme lui déclara avoir reçu un appel d'une station de télévision de Rio de Janeiro demandant à ce que le médecin veuille bien faire quelques commentaires sur la mort d'Arigo. L'annonce de cette mort fut un choc très dur pour Puharich. Pour lui, Arigo était le seul espoir de millions de gens. Après s'être fait confirmer au Brésil l'annonce de cette mort, il voulut rappeler la jeune femme au numéro qu'elle lui avait laissé. Mais il lui fut impossible de joindre cette mystérieuse interlocutrice, dont le numéro n'existait pas, non plus que la firme qu'elle avait citée.

Je mourrai sous peu

Quinze jours avant sa mort, Arigo était allé rendre visite à l'ancien président du Brésil, Juscelino Kubitschek et lui avait très simplement dit : « Je suis désolé d'avoir à vous apprendre cela, monsieur le Président, mais je mourrai sous peu de mort violente ».

Et il lui dit adieu. Il fit de même avec le rédacteur en chef du journal local.

Arigo fut tué à 12 h 15 exactement le 11 janvier 71 dans un accident de voiture. Le Dr Puharich, contacté à New York par une voix inconnue avait reçu l'appel téléphonique moins de quinze minutes après sa mort.

Pour beaucoup de savants cette mort a été une catastrophe et beaucoup regrettèrent la bêtise qui avait fait reculer de mois en mois les travaux sérieux dont les dons merveilleux d'Arigo auraient dû faire l'objet, pour le plus grand bien de l'humanité.

CHAPITRE DEUXIÈME

LES EXPÉRIENCES DE TRANSMISSION DE PENSÉES AU XXe SIÈCLE

Si certaines expériences de transmission de pensées ne peuvent être accomplies que par quelques privilégiés ayant une sensibilité extra-sensorielle très développée, il en est d'autres qui peuvent être réalisées par n'importe qui, par moi, comme par vous probablement. Voici, par exemple, une expérience qui sert dans certaines universités à établir l'authenticité du phénomène de transmission de pensées et à choisir, dans un groupe d'étudiants, ceux qui ont le plus de facilités dans ce domaine.

Le matériel nécessaire

Vous prenez cinq feuilles de papier de couleurs : bleu, rouge, jaune, vert, orange. Choisissez de préférence des teintes bien franches. Coupez dans chacune de ces feuilles deux morceaux de 10 cm × 10 cm environ. Prenez également deux grandes feuilles de papier blanc de 40 × 50 cm.

Vous avez maintenant le matériel nécessaire à cette expérience de transmission de pensées entre deux personnes : celle qui envoie le message (que nous appellerons l'émetteur) et celle qui le reçoit (que nous appellerons le récepteur).

L'émetteur et le récepteur s'isolent chacun dans une pièce où ils seront à l'abri de tout dérangement. Ils emportent chacun une feuille de papier blanc et l'un des jeux de cinq carrés de couleur.

1) L'émetteur s'assied et pose devant lui, sur une table, la feuille blanche ; il y place au centre, le carré de la couleur qu'il choisit et qu'il va tenter de communiquer au récepteur.

2) Il se concentre sur cette couleur et chasse de son esprit toute autre pensée. En fermant les yeux il évoque uniquement la couleur choisie.

3) Il associe par la pensée (en la visualisant dans son esprit) le récepteur et des représentations de la couleur choisie. Par exemple, il le visualisera entouré d'un monceau d'oranges ou en train de contempler, au crépuscule, un soleil couchant de couleur orangée ou couché dans un lit avec des draps orangés, etc.

4) Puis il se concentrera de nouveau sur le carré de couleur orange.

Se laisser envahir l'esprit

Simultanément, le récepteur aura lui aussi étalé la feuille blanche et y aura placé les cinq carrés de couleur. Il les regardera tous ensemble puis fermera les yeux afin de mieux s'isoler. Il se laisse alors envahir l'esprit passivement jusqu'à ce qu'une couleur s'impose à lui. Ce sera la couleur transmise par l'émetteur.

Si vous ne réussissez pas du premier coup, inversez les rôles : l'émetteur prend la place du récepteur et vice versa.

Mathématiquement et si le hasard seul intervenait, l'expérience réussirait une fois sur cinq. On constate qu'elle réussit beaucoup plus souvent même avec des sujets n'ayant pas d'entraînement.

Lorsque vous constaterez que vous êtes bon émetteur ou bon récepteur et que vous avez trouvé un bon coéquipier vous pourrez passer au stade suivant qui complique un peu les choses.

Au lieu de cinq couleurs, vous choisirez cinq figures géométriques : la croix, le cercle, le carré, le triangle et l'hexagone. Et vous procéderez de la même façon. Toutefois, l'association d'images indiquée au point 3 de l'expérience précédente est plus difficile car il s'agit de figures géométriques abstraites. Mais avec un certain entraînement on obtient des résultats aussi bons qu'avec les couleurs.

Si vous avez vaincu cet obstacle vous voici prêt à passer à l'étape suivante, celle de la transmission des lettres. Une lettre c'est déjà un message ! Vous procédez comme avec les figures géométriques mais vous débutez seulement avec trois lettres, puis après plusieurs jours d'entraînement, vous passez à quatre, à cinq, à six...

Transmettre les images d'objets

Pour la plupart d'entre nous, il est difficile d'aller plus loin. Seuls les sujets doués peuvent progresser encore et transmettre l'image d'objets auxquels ils pensent, et seuls les médiums exceptionnels peuvent recevoir la totalité d'un message.

Toutes ces expériences doivent être faites avec patience, avec calme, en évitant toute fatigue. Les êtres d'équilibre psychique fragile doivent les éviter car elles peuvent entraîner des troubles. En effet, à partir du moment où l'on se rend compte que certaines pensées d'autrui peuvent être captées à son insu, cela finit par poser des problèmes de comportement que l'on a tendance à amplifier et qui peuvent avoir des répercussions fâcheuses, si l'on n'a pas un équilibre mental particulièrement solide.

Des étudiants s'entraînent

Citons toutefois un exemple de ce que peuvent arriver à réaliser après un certain entraînement des êtres un peu doués, mais pas du tout exceptionnels.

En 1976, un groupe d'étudiants de l'Université de Denver (Colorado, U.S.A.) a commencé par réaliser l'expérience des couleurs que l'on vient de présenter. Sur un groupe de quatorze étudiants, deux d'entre eux obtenaient un score remarquable et notamment un certain Ralph Henry Bell, comme récepteur. (80 % de succès en moyenne sur cinq expériences réalisées chacune à un jour d'intervalle). Les deux étudiants, dont Ralph, continuèrent à s'entraîner et passèrent rapidement à la transmission de pensée de symboles abstraits. Il leur fallut trois mois d'entraînement quotidien pour obtenir un score satisfaisant (70 % de succès en moyenne après ce délai). Ils continuèrent l'entraînement pour se transmettre par la pensée, des images plus complexes. Le 9 février 1977 à Denver, ils firent contrôler leurs expériences par un groupe de personnes choisies au hasard. Parmi celles-ci, l'une d'elles désignée également par le sort devait choisir librement les images ou symboles que l'émetteur devrait communiquer au récepteur. Cette personne s'enferma dans une pièce avec l'émetteur et lui demanda de dessiner six symboles ou objets et de les transmettre au récepteur Ralph H. Bell. Dans une autre pièce,

Ralph était isolé et devait dessiner les images qui se formaient dans son esprit.

Des résultats remarquables

Il est remarquable de constater que dans chacun des six cas il y a une grande précision dans la réception de Ralph H. Bell. Certes, par deux fois, il perçoit plusieurs signes, là où l'émetteur n'en avait choisi qu'un ; le signe + est devenu le signe ×, le symbole abstrait de la ligne brisée est devenu un objet concret : une scie. Mais ce résultat est néanmoins remarquable si l'on considère qu'il s'agit d'un sujet n'ayant jamais pratiqué la télépathie avant et qui n'en était qu'à son douzième mois d'entraînement. Des expériences de ce genre ont été multipliées aux États-Unis et avec des moyens de contrôle tels qu'ils excluent toute supercherie.

CHAPITRE TROISIÈME

COMMENT INFLUENCER QUELQU'UN A DISTANCE

Peut-on influer sur l'esprit d'une personne uniquement par des moyens mentaux ? La question est terrible dans ses implications.

Beaucoup pensent que la réponse à cette question est positive. Cette influence est possible et accessible à tous. Il ne faut pas, en effet, rejeter d'emblée ce qui paraît impossible.

Il y a un siècle, les hypothèses admises pour expliquer la téléphonie sans fil paraissaient absolument invraisemblables. Aujourd'hui, le moindre transistor rend possible l'écoute d'un concert donné à des milliers de kilomètres de notre résidence. L'analogie entre la T.S.F. et la télépsychie peut nous permettre d'accepter ce phénomène sans pour autant en appréhender toutes les subtilités.

Les signaux radiophoniques se transmettent par un mécanisme ondulatoire qui leur permet de traverser tous les corps. Transposons et supposons l'existence d'ondes mentales passant entre nos intelligences. Il n'y a vraiment là rien d'invraisemblable.

Toute pensée s'extériorise

Certaines personnes contestent cette possibilité alors même qu'elles l'utilisent, sans se rendre compte de la force de leur personnalité et de l'ascendant qu'elles exercent sur leur entourage. Cette réalité a été vérifiée en de nombreuses occasions en laboratoire, notamment aux États-Unis. On peut citer le cas de l'hypnose à distance (c'est-à-dire que l'hypnotisé et l'hypnotiseur se trouvent dans un lieu différent). Certaines théories font de quelques individus privilégiés les seuls dépositaires de cette faculté. Il est vrai que l'insuffisance de l'expérimentation en laboratoire fait que cette théorie semble se vérifier. Mais cela tient plutôt à ce que la possibilité de communiquer mentalement se fait pour les individus qui ne sont pas exceptionnellement doués, sous l'influence d'une vive émotion, et de sentiments exaltés qu'on ne peut évidemment pas reproduire en laboratoire. On peut donc penser à l'encontre de cette théorie que tous les sujets ont en eux un pouvoir latent d'agir à distance sur la personne de leur choix, mais à des degrés divers. Toute pensée s'extériorise et tend à modifier le comportement d'autrui. Mais le moment où cette influence devient consciente et repérable demeure extrêmement difficile à déterminer. Pourtant un travail mental intensif peut amener à une prise de conscience de nos pouvoirs cachés. Nous sommes tous en effet les réceptacles de volontés extérieures, de même que nous diffusons sans le savoir une foule de pensées qui atteignent l'esprit des personnes qui nous entourent. Pour ne plus subir, mais dominer cette faculté, il faut être capable d'endiguer et de contrôler notre énergie. Dans ce cas, un don inconscient peut devenir un véritable pouvoir.

Fréquent entre personnes intimes

Il faut noter que deux personnes entretenant des relations privilégiées, ayant l'une en l'autre une confiance inébranlable, peuvent accéder facilement à un état de réceptivité mentale très élevée. Il est d'innombrables cas où une mère se réveille en sursaut lorsque son enfant, parfois très loin de l'endroit où elle se trouve, l'appelle avec force. Les relations télépsychiques ont toujours été d'une vigueur étonnante entre personnes intimes.

Mais il ne faut pas limiter à ce cas l'étendue de nos possibilités. On peut aussi envisager d'agir sur une personne indifférente. L'émission nécessitera, bien entendu, une vigueur particulière. Il s'agit d'un véritable entraînement comportant des exercices quotidiens.

En Inde, les adeptes du yoga ont sans doute atteint la maîtrise la plus parfaite qui soit de l'influence à distance. L'emprise sur une ou plusieurs personnes s'établit en quelques minutes. Parfois une foule entière a pu être hypnotisé en un instant et livrée à des hallucinations terrifiantes. Peut-être les Yoghis se transmettent-ils ce pouvoir psychique de génération en génération, au moyen d'exercices mentaux ininterrompus.

La comparaison avec une lanterne magique peut nous faire comprendre la finalité de cette discipline mentale. L'image projetée sur l'écran sera visible à deux conditions : que les contours soient nettement accusés, que l'éclat soit suffisamment vif.

Ainsi sont posées les bases de l'influence à distance.

Paul Jagot, spécialiste en la matière, a établi au moyen de « lois » les conditions de l'efficience télépsychique :

Lois de la télépsychie selon Paul Jagot

Loi n° 1 : C'est principalement en images, et non pas seulement d'une manière littérale, qu'il convient d'exprimer ce que l'on veut suggérer. Il faut donc imaginer ce qu'on voudrait qui ait lieu.

Loi n° 2 : La conformité de l'effet à l'intention s'opère en raison directe de la précision des images irradiées.

Loi n° 3 : La vigueur propulsive d'une émission télépsychique est proportionnelle à l'avidité qu'on éprouve de la réalisation cherchée ou plus généralement au désir qu'on a d'affecter le sujet.

Loi n° 4 : Une seule émission journalière d'une durée de x est d'une efficacité supérieure à celle de deux émissions d'une durée respective de x/2.

Loi n° 5 : Chaque émission correcte modifie toujours plus ou moins sensiblement, les dispositions morales du sujet conformément aux intentions de l'opérateur.

Loi n° 6 : La modification du sujet s'affirme à mesure que les émissions se poursuivent.

(Jagot, Magnétisme et Hypnotisme à distance, Ed. Dangles.)

Comment procéder

Une personne unissant une volonté persistante à une grande clarté d'esprit n'aura pas à s'exercer pour obtenir l'ascendant qu'elle désire. Mais la plupart des hommes ne possèdent pas ces deux qualités réunies, et c'est par un effort méthodique qu'ils parviendront à imposer leur pensée.

Il y a certaines dispositions à prendre en priorité. Choisir une ou deux heures propices dans sa journée, les plus proches possible du sommeil. Il est nécessaire d'étudier très attentivement le caractère de la personne que l'on désire influencer, afin de pouvoir se faire une représentation très nette du sujet ? Il faut analyser sa physionomie, sa personnalité, dans toutes ses facettes. L'écriture est une aide précieuse en cela.

Il faut également définir précisément ce qu'on désire obtenir du sujet. L'essentiel consiste à se faire une idée exacte de l'état mental de la personne si elle était à même d'agir comme vous le souhaiteriez. C'est l'écart existant entre cet état mental futur et celui dans lequel la personne en question se trouve actuellement qui constitue le champ de votre recherche. En effet, si l'on décompose cet écart en étapes distinctes (supposons que l'état actuel se trouve être l'animosité et l'état souhaité la sympathie) : atténuation légère de la rancune, disparition de cette rancune, indifférence, attirance progressive et enfin sympathie. Il s'agit donc de se concentrer successivement sur chacune des étapes jusqu'à la maîtrise totale de son flux mental. La sagesse est de ne pas vouloir arriver tout de suite au résultat final. Chaque plan demande une réflexion calme et profonde. Cet effort prépare la réceptivité du sujet.

Recherchez des images nettes

Il est une façon plus matérielle de se représenter cette sagesse. Il faut parvenir à édifier des images aussi nettes que possible. Elles doivent avoir dans l'esprit la même réalité que celles d'un rêve nocturne.

Il faut construire sa propre concentration. Apparaît une image, vous vous y arrêtez jusqu'à ce qu'elle prenne réalité. Puis vient se superposer une autre image et une autre encore, et votre force psychique se construit ainsi peu à peu. L'édification de ce film mental est une œuvre de patience qui s'apparente à la sagesse des Yoghis de l'Inde. Notre tendance naturelle est en effet le plus souvent de laisser vaquer notre imagination au hasard des suggestions. D'où la nécessité d'une méthode longuement étudiée. Au début, ces efforts de concentration sont très pénibles, douloureux même. Et il est dans ce cas profitable avant toute tentative, de s'habituer à rester de longs moments sans penser à rien, de se délier de tout ce qui fut une préoccupation durant la journée. Les images alors auront moins de mal à se former ; elles ne s'évanouiront plus avec tant de facilité et leur cohésion s'améliorera.

Un organisme en pleine forme

Pour ces exercices, le sang constitue un élément déterminant de l'énergie psychique. Quand un sang riche et pur alimente le cerveau, quand la respiration est profonde et facile, la force mentale pourra s'épanouir avec toute sa vigueur. C'est donc le corps entier qui est concerné : la nourriture doit être équilibrée, la circulation sanguine et la respiration normales. S'appliquer à ne pas négliger ces éléments, c'est déjà acquérir un pouvoir sur soi-même qui est le premier pas vers la domination sur les autres. On peut considérer l'organisme comme le générateur de la force qui s'irradie au cours des émissions mentales. Ce générateur a donc un rôle essentiel à jouer. De là l'importance du sommeil qui constitue, en quelque sorte, le moyen de recharger les accumulateurs. Il faut pousser ces constatations à l'extrême afin d'acquérir un parfait contrôle de soi. Les paroles, les gestes, les sentiments, les attitudes doivent faire l'objet d'analyses approfondies, et d'une constante surveillance. Tout instinct ou impulsion non dominée est à bannir. Le but, en effet, est de canaliser l'énergie que vous possédez. Toute manifestation non nécessaire est de ce fait un gaspillage. Il est inutile de tenter quoi que ce soit en matière d'influence à distance si la domination de son propre corps n'est pas même atteinte.

Il est intéressant de noter l'action des stimulants tels que le café ou le thé. Ceux-ci ne peuvent être considérés comme bienfaisants pour l'équilibre physiologique, mais ils provoquent une excitation et une lucidité momentanées qui en font des instruments parfois utiles de l'action psychique (on rejettera en revanche, systématiquement les stimulants à base d'amphétamine ou autres drogues). Augmentant l'activité cérébrale, ils seront des aides précieuses avant une émission mentale. Ils donneront une dynamique qu'il faudra savoir utiliser à bon escient, en exprimant toute votre énergie, en concentrant en un moment toutes vos ressources accumulées durant votre période d'équilibre. Le processus déjà évoqué est repris, en se remémorant tous les motifs de l'intérêt que l'on porte au résultat de l'action à distance, la satisfaction retirée, et les désagréments occasionnés par l'échec de la tentative.

Afin de réunir ces données dans le plus petit laps de temps possible, et dans l'ordre le plus strict, il peut s'avérer bénéfique de les noter dans le moment qui précède la séance. Cette précaution est une excellente préparation à l'effort mental.

Le rapport, dès cet instant, entre l'opérateur et son sujet s'établit et il convient de le conserver en imaginant ce dernier avec netteté, dans ses mouvements et ses expressions habituelles. On recommande parfois de se livrer à ces expériences à une heure où l'on sait que le sujet est endormi. Le sommeil, le silence et l'obscurité sont en effet des milieux favorables à la transmission de l'influx mental.

Contrôlez totalement vos pensées

C'est à ce moment qu'il conviendra d'avoir un contrôle absolument parfait de ses propres pensées, car il faut s'imaginer que le sujet est présent et que, par conséquent, tout ce que vous pourrez concevoir dans votre esprit l'influencera d'une manière ou d'une autre. La tradition veut qu'une photo de la personne soit un appoint indispensable de toute action. Cette théorie a été contredite. Mais pour certains une photo peut aider considérablement. Il en serait de même pour tous les objets ayant eu des contacts prolongés avec le sujet : vêtement, foulard, lunettes, sac, porte-monnaie, clefs, etc.

Là est l'origine de la fameuse statuette percée d'épingles dont se servent les sorciers pour envoûter et qu'on aurait tort de prendre trop à la légère.

Représentez-vous le sujet en action

La personne sur laquelle doit agir la volonté étant ainsi matérialisée, il s'agit de faire agir notre pouvoir pour l'amener à se comporter dans le sens voulu. Il faut alors se représenter le sujet en train d'accomplir ce qu'on cherche à lui suggérer, et éprouvant les émotions en rapport avec l'acte. Il est essentiel que le sujet agisse de lui-même. Aucune atmosphère de contrainte ne pourra amener un résultat positif. C'est à cet instant précis que toute l'énergie doit être réunie en un gigantesque « je veux ». Ce moment crucial peut être soudain, ou arriver progressivement sans qu'il soit repérable en tant que tel.

Il faut se garder de maintenir sa concentration trop longtemps sur cette volonté exacerbée ; et revenir promptement au présent, par la représentation du sujet tel qu'il est actuellement et non plus tel qu'on voudrait qu'il soit. Il est évident que les personnes les mieux placées pour tirer parti de ces exercices sont les praticiens de l'hypnotisme. Ceux-ci peuvent dépasser leur spécialité en agissant à distance. Ils procèdent de la même façon en transposant mentalement la méthode d'hypnose. Ils s'imaginent littéralement en présence du sujet auquel ils suggèrent le même état que lorsqu'ils exercent dans leur cabinet.

Durée des séances

La durée de ces séances dépend des capacités énergétiques du praticien. Il faut savoir comprendre qu'on est parvenu au point de l'épuisement mental. On considère en général, qu'une séance moyenne peut durer deux heures, maximum compatible avec un psychisme normal.

Il est absolument nécessaire après de tels efforts de s'accorder une détente où l'on chassera de son esprit tout ce qui a trait à l'expérience. A défaut de quoi, les risques d'obsession sont très grands. L'idéal est évidemment une bonne nuit de repos, qui éliminera toutes les fatigues de l'opération.

Nous allons maintenant étudier quelques méthodes expérimentales concernant la suggestion mentale et l'influence télépsychique.

Le procédé de Cumberland

Expérimentalement, la suggestion mentale peut se faire à l'aide du procédé de Cumberland. Il s'agit dans ce cas d'une sorte de lecture musculaire. Un expérimentateur vous saisit le poignet et souhaite fortement vous voir agir de telle ou telle façon. L'impulsion du cerveau parvient jusqu'au bras et passe comme une onde de sa main à la vôtre.

Cette lecture se fait aussi lorsque le spécialiste vous demande de penser à un acte quelconque et parvient à déchiffrer grâce aux tressaillements du muscle du poignet, l'acte imaginé. Plus le sujet est passif et plus cette lecture sera facile.

Pour pouvoir se livrer à cet exercice, il faut tout d'abord sélectionner l'endroit adéquat qui sera utilisé à toutes les séances. Cet endroit est en quelque sorte un point de départ psychique de toutes les actions commandées. L'expérimentateur se représente ensuite l'acte qu'il désire voir accomplir par le sujet. Il est nécessaire de commencer par imaginer quelque chose de facile à exécuter ; par exemple se lever, se pencher, tourner la tête. Il faut que cet acte soit expliqué dans son déroulement : s'appuyer sur ses jambes, redresser le dos. C'est alors qu'on saisit le poignet du sujet, avec force. L'esprit de l'expérimentateur se concentre sur la première étape du mouvement demandé. Il faut que l'image mentale soit très claire. Lorsque le sujet commence à s'exécuter, la volonté doit l'accompagner de façon permanente jusqu'à la fin de l'acte requis. S'il fait fausse route, il faut l'interrompre et reprendre le mouvement où il a été laissé.

Des résultats stupéfiants

Lorsque cette méthode est bien maîtrisée, elle peut donner lieu à des résultats étonnants. Avec le temps on peut obtenir des actes d'une grande complexité et d'une grande difficulté. De plus, ce procédé développe l'aptitude à percevoir des messages mentaux chez l'un des partenaires et la faculté de concentration chez l'autre.

L'expérience peut également se faire sans contacts physiques entre l'opérateur et son sujet. Il faut alors que ce dernier ait une certaine habitude de la méthode de Cumberland, et qu'il soit particulièrement réceptif.

La tentative la plus aisée est la suivante. On place sur une table, une vingtaine d'objets différents. Le sujet devra choisir l'objet que vous avez sélectionné mentalement. Il est préférable de tenter une première expérience avec contact. Par exemple, vous tenez le sujet par le poignet pour l'amener jusque devant la table, et là vous cessez tout contact, mais vous l'accompagnez de vos suggestions mentales. La lenteur est garante de réussite. Il est également possible de faire exécuter certains mouvements au sujet après lui avoir préalablement bandé les yeux.

L'intérêt principal de la méthode est sans conteste de préparer une personne à recevoir des impulsions d'un niveau plus élevé, lorsque sa réceptivité se sera intensifiée. C'est une autre forme de télépsychie différente de la transmission de pensée, mais qui découle évidemment des mêmes principes.

CHAPITRE QUATRIÈME

L'ÉTRANGE POUVOIR D'URI GELLER

On a beaucoup parlé d'Uri Geller depuis quelques années. Nous présenterons son cas bien que nous manquions encore de « recul historique », car il est rare de voir un individu aussi riche en dons de médiumnité. Création de champs magnétiques, action sur les métaux à distance, divination d'objets magnétisés, télépathie, tels sont quelques-uns des phénomènes occultistes où Uri Geller excelle.

Il est curieux de constater qu'un médium comme Uri Geller présente dans ses activités médiumniques de nombreux points communs avec Douglas Home le fameux médium avec qui William Crookes fit de si nombreuses expériences, il y a un siècle. L'histoire étrange d'Uri Geller commence, selon lui, le jour où, tout enfant il s'introduisit dans une grande propriété arabe qui se trouvait à proximité de la maison qu'il habitait, avec sa mère, dans les faubourgs de Tel-Aviv.

Ce parc était fermé et désert, si bien que l'enfant ne put y pénétrer qu'en se glissant entre les planches disjointes d'une palissade. Les buissons aromatiques, les bassins, les fontaines et le silence formaient, autour de l'enfant des villes, comme un lieu enchanté.

Il s'y endormit sur l'herbe d'une pelouse. Lorsqu'il se réveilla, le soleil était bas sur l'horizon. Soudain, levant les yeux, il vit venir vers lui, enveloppé de rayons lumineux, un objet immense en forme de bol. Puis une silhouette se dressa entre lui et l'objet mystérieux, semblable à celle d'un homme drapé dans une longue cape. Un aveuglant rai de lumière projeta Uri sur le sol et le plongea dans un sommeil léthargique.

Un sommeil hypnotique

Pendant de longues années, il ne parla à personne de ce qu'il avait vu dans le jardin magique mais ce souvenir d'enfance lui revint plus tard, lorsque, désemparé, il cherchait la clef de phénomènes qu'il ne comprenait pas et qui n'était autre qu'un sommeil hypnotique provoqué par la fixation d'un point lumineux.

A quelque temps de là, Uri s'ennuyait ferme dans la salle de classe, souhaitant vivement la fin du cours. Quand il jeta un œil sur sa montre, il vit à son grand étonnement que celle-ci avait avancé brusquement d'une heure. Il en fit part à son voisin et pendant la récréation suivante, il renouvela plusieurs fois l'expérience, au grand amusement de tous ses camarades ; il posait la montre sur le sol, le cadran contre terre après que tous avaient vérifié l'heure marquée, il posait alors avec emphase la main sur son front et chacun pouvait voir que la montre avait avancé ou reculé de plusieurs heures.

Ce qui était encore un jeu pour lui, occupa ensuite bien des récréations. Puis il suivit sa mère à Chypre, où il vécurent de nombreuses années, et le nouveau milieu, les nouvelles préoccupations lui firent oublier ses dons de magicien.

Premières expériences

Jusqu'au jour, bien longtemps après, où un ami professeur lui demanda de se produire devant sa classe. Il demanda aux élèves d'écrire des chiffres au tableau noir et il les devina, les yeux bandés. Il ignorait comment il parvenait à exécuter ses tours ; ceux-ci lui venaient spontanément à l'idée sans qu'il les ait mis au point auparavant. Il commença alors à réaliser régulièrement des expériences en petit comité, tandis qu'il gagnait sa vie comme directeur des exportations pour une firme de Tel-Aviv ; dès le mois de janvier 1970, les journaux mentionnèrent ses dons de télépathie.

En mars 1970, un imprésario vint le trouver et lui conseilla d'abandonner son poste pour embrasser une carrière artistique. C'est ainsi que, dans les derniers mois de 1970, sa réputation parvint aux oreilles d'un spécialiste de la parapsychologie le Dr Andrija Puharich qui lui a, depuis, consacré un ouvrage (Uri Geller, Flammarion). Il écrivit à Tel-Aviv et Uri Geller accepta de le recevoir. Une fois en Israël, il assista en premier lieu à une représentation au cours de laquelle Uri brisa l'alliance qu'une spectatrice tenait enfermée dans sa main. Durant la discussion qui suivit la soirée, le jeune homme tenta d'expliquer quels étaient ses sentiments depuis qu'il avait pris conscience de l'étendue de ses étranges facultés :

Une radiation qui se répand partout

« L'idée que je m'en fais vous paraîtra simpliste parce que je n'ai pas suivi d'études secondaires. Je crois que dans le domaine de la télépathie, je dépasse la vitesse de la lumière. Chaque objet doit émettre une radiation qui se répand dans l'univers et je crois qu'il y a de la vie partout dans le cosmos. Il existe des êtres évolués capables de dépasser l'obstacle de la lumière et de franchir des millions d'années lumière en quelques secondes ».

Rapidement, le docteur Puharich fut persuadé que les pouvoirs d'Uri Geller dépassaient ce que celui-ci pouvait imaginer. Il s'attacha dès lors à ses pas, l'engageant à ne pas se limiter au domaine purement spectaculaire. Uri lui donna l'occasion de se livrer à de nombreuses expériences ; le docteur plaçait par exemple des compas de marine face au jeune homme et pouvait constater qu'il était capable de faire dévier des aiguilles aimantées, de plusieurs degrés. Cette faculté augmentait d'ailleurs considérablement lorsque Uri passait un élastique autour de son poignet, afin d'arrêter la circulation sanguine. Une autre fois, le Dr Puharich disposa cinq allumettes bout à bout sur une plaque de verre qu'embrassait l'objectif d'une caméra. Uri pouvait faire bouger, par sa seule force mentale l'allumette que le docteur avait choisie.

En mai 1972, Andrija Puharich revint à New York et voulut rendre publiques les données scientifiques qu'il avait réunies au cours de son séjour en Israël. Il le fit au cours d'une conférence organisée sous l'égide de l'Académie de parapsychologie et de médecine, ce qui lui permit d'engager des discussions avec les hommes de science intéressé.

Il se prête à la confrontation scientifique

Uri Geller de son côté, s'était rendu en Allemagne où il donnait de nombreuses représentations. Sa carrière artistique était un véritable succès et il eut à plusieurs reprises les honneurs de la presse et des télévisions européennes. Il commençait également à bien vouloir se prêter à des expériences à but purement scientifique. C'est ainsi qu'il accepta de se rendre à New York où il rencontra un professeur de physique de l'université de Columbia. Celui-ci fut passionné par les pouvoirs d'Uri. Il le présenta à un de ses amis, le fameux docteur Werner von Braun, auteur des programmes d'investigation spatiale des États-Unis. La séance à laquelle assista le célèbre savant fut particulièrement étonnante. Alors que le jeune homme se concentrait sur l'alliance que le Dr von Braun tenait dans son poing fermé, la secrétaire fit irruption dans la pièce pour montrer au savant le calculateur électronique qui ne fonctionnait plus. Uri demanda à voir l'appareil et le tint quelques instants dans ses mains. Moins d'une minute après il le rendit à la secrétaire et chacun put constater que le calculateur fonctionnait normalement, ce qui impressionna considérablement le savant.

La partie scientifique de la vie d'Uri prenait ainsi, sous l'influence d'Andrija Puharich, une importance de plus en plus grande. C'est alors qu'en novembre 1972, il s'installa à New York accompagné par son imprésario Werner Schmidt.

Aux ordres d'une Intelligence Supérieure

Peu de temps après son arrivée aux États-Unis, il se rendit à San Francisco afin d'y rencontrer un groupe de savants du Stanford Research Institute. Lors de la première séance, il leur fit une déclaration étrange, bouleversante même dans la bouche de ce jeune homme doux et timide. Il assura tout d'abord qu'il ne tenait nullement à ce que ses dons soient connus comme tels du public. Il préférait maintenir le doute afin qu'on ne le prît pas trop au sérieux. Puis il évoqua une « Intelligence Supérieure » à laquelle il était lié et pour qui il avait accepté de travailler. Sa liberté était très limitée. « Ils » le dirigeaient... leur pouvoir était si grand qu'il pouvait demander à cette Intelligence Supérieure de le transférer en un autre lieu, mais il ne le pouvait que dans la mesure ou « eux », le voulaient bien. Il ne connaissait pas ces êtres. « Ils » communiquaient avec lui par le moyen d'ordinateurs, programmés il y a des millions d'années. Eux-mêmes se trouvaient dans une autre dimension du temps. Ils s'étaient manifestés à lui sous de nombreuses formes ; il avait vu des vaisseaux extra-terrestres enflammer le ciel. Dans l'avion qui l'amenait de Munich, un objet était apparu dans le ciel, et il l'avait montré à l'ami qui était assis à côté de lui. C'étaient « eux ». Souvent aussi un faucon blanc se montrait à lui comme signe de reconnaissance. Pour lui donner des instructions, « ils » se servaient de son magnétophone, qui se mettait en marche automatiquement et une voix venue de nulle part lui dictait alors des ordres. La bande disparaissait ensuite ou s'effaçait d'elle-même. Il commençait à avoir peur, car les êtres supérieurs lui avaient dit de faire attention à lui. Lui qui avait toujours vécu comme si rien ne pouvait lui arriver, il se sentait terriblement vulnérable.

Il conclut en répétant que ses dons ne lui étaient pas propres. Il n'en était que le dépositaire et lorsqu'il faisait une démonstration, il ignorait même s'il en était l'auteur.

Puis, il se livra devant l'assistance à plusieurs essais de télépathie, en utilisant des chiffres et des mots qu'il devinait. Il tordit également à distance un anneau de cuivre, et cassa une lourde gourmette d'argent à laquelle manquait après cela un anneau.

Cependant, longtemps, Uri Geller refusa de se prêter à des expériences de laboratoire qui auraient scientifiquement démontré ses dons.

Démonstration en laboratoire

Un jour pourtant, il déclara que les signes des êtres supérieurs étaient favorables et qu'il acceptait de faire une démonstration de ses dons en laboratoire.

La première expérience se fit à l'aide d'un magnétomètre, appareil mesurant la force magnétique d'un champ. Alors qu'il se concentrait sur l'instrument, l'assistance constata que l'aiguille oscillait, démontrant ainsi que l'esprit d'Uri avait produit le même effet qu'un champ magnétique.

Les chercheurs du Stanford Research Institute voulaient essayer également de prouver scientifiquement la réalité des déformations d'anneaux métalliques qu'opérait Uri Geller. Un instrument appelé holographe acoustique fut utilisé pour cela. Dans cette expérience, un assistant maintenait sous l'eau un anneau de cuivre, tandis qu'Uri effleurait la surface de son doigt. L'ensemble du processus était contrôlé par ultra-sons, au moyen d'une image visualisée sur un écran de télévision. Cette image rappelait une radiographie de la main tenant l'anneau. On voyait alors l'image se déformer pendant qu'Uri déployait d'énormes efforts mentaux pour tordre l'anneau.

La réputation d'Uri se répandit désormais très vite dans le pays. Elle était accompagnée d'attaques nombreuses contre le charlatanisme du jeune Israélien. Une véritable cabale se monta dirigée par le

« Time magazine », l'université d'Oregon, et le « Scientific American ». La riposte des partisans ne se fit pas attendre. Le journal « Newsweek » s'était fait leur interprète, en accord avec les savants du S.R.I. (Stanford Research Institute). A cette occasion un journaliste du Time prétendait avoir surpris Uri Geller en flagrant délit de supercherie, ce dont aucun chercheur ne s'était rendu compte. Et ce perspicace observateur notait plus loin que « le teint basané d'Uri Geller mettait en valeur le bleu de ses yeux ». Or celui-ci a les yeux bruns.

Un film-témoin

Les attaques se firent plus modérées lorsque le S.R.I. publia le compte-rendu des expériences de laboratoires, bien que la querelle soit loin d'être vidée. Un film fut passé par cet institut lors d'un colloque à la Columbia University, si convaincant qu'il mérite qu'on s'y arrête.

Ce film décrit plusieurs expériences auxquelles Uri Geller a bien voulu se prêter. Il comporte notamment une série d'épreuves au cours desquelles quinze dessins sont placés dans des enveloppes cachetées et déposées dans un coffre. Un des chercheurs présent retire un dessin : pris au hasard et l'examine dans la pièce voisine de celle ou se trouve le jeune homme. Puis il cachète à nouveau l'enveloppe afin de garantir l'expérience contre toute tentative de supercherie. Toute la scène est enregistrée, ce qui évite les communications verbales. On peut alors voir Uri se concentrer et répéter : « Je n'y parviendrai jamais... c'est impossible... arrêtons un instant... attendons... » puis il dessine et son visage apparaît rayonnant de joie. Parfois, il ne peut effectivement trouver la bonne réponse. D'autres fois, au contraire, la reproduction est si parfaite, qu'il pourrait s'agir de l'original.

Une autre expérience consiste à retrouver une bille d'acier déposée dans une boîte en métal mêlée à dix autres du même type. Cette épreuve est intéressante en ce que la préparation se fait en dehors des deux parties. Un étranger pénètre dans la salle et place la bille d'acier, puis il se retire. C'est alors qu'entrent Uri et les expérimentateurs. Le jeune homme, après réflexion indique la boîte où se trouve cachée la bille, en éliminant successivement toutes les autres. A la quatrième répétition de l'expérience, il lui suffit d'entrer dans la pièce pour savoir où se trouve la bille.

Les chercheurs de l'institut ont calculé que la probabilité pour qu'il parvienne à retrouver la bille était d'une chance sur un trillion. Or, jamais il ne s'est trompé.

Une partie de film est aussi consacrée à une expérience de psychokinésie : un poids de un gramme est placé sur une balance électrique, enfermé dans une boîte en aluminium. Tout contact ou mouvement pouvant affecter le poids est ainsi impossible. Pourtant la balance enregistre des déviations allant jusqu'à 1,500 mg.

Ce film ne peut prétendre être une preuve absolue de l'existence de pouvoirs dépassant les connaissances scientifiques actuelles chez certains individus. Mais il est troublant en ce qu'il fait partager à un large public l'observation rigoureuse de certains phénomènes, sur lesquels de nombreux savants sont tombés d'accord pour déclarer qu'ils méritent une étude approfondie.

Que penser de ces faits extraordinaires ? S'agit-il d'une gigantesque machination mettant en cause des chercheurs renommés et des journaux réputés sérieux ?

Ou bien faut-il penser avec Uri Geller et Andrija Puharich qu'il est nécessaire de préparer la venue prochaine d'êtres extra-terrestres, qui se manifestent à travers l'intelligence de ce jeune Israélien ?

Dans la mesure où il n'y a pas de supercherie, nous pensons plus simplement qu'Uri Geller est un grand médium ayant des facultés extra-sensorielles particulièrement développées.

CONCLUSION PAR D'AUTRES QUESTIONS

Lorsque nous avons commencé ce volume, nous avons posé un certain nombre de questions sur l'occultisme et sur certains mystères qui nous entourent. Nous avons répondu à ces questions. Nous vous avons aussi indiqué des expériences pratiques qui vous permettent de vous rendre compte des étranges facultés de notre psychisme.

Mais au fur et à mesure que nous progressions dans notre connaissance de l'occulte, il nous apparaissait que le champ à explorer était immense. Chaque question même résolue, soulevait d'autres questions.

Nous vous avons parlé de la transmission de pensée (ou télépathie), de la psychokinésie (expériences de Crookes, avec Douglas Home, ou de Uri Geller), mais il y a aussi la cryptesthésie ou faculté de voir un objet ou un lieu par la pensée, alors qu'on ne le découvrira que plus tard pour la première fois. Et que faut-il penser de la prémonition (cette faculté de connaître et de visualiser des événements qui se produiront ultérieurement) ?

Qu'est-ce que la sensibilité dermo-optique qui permet à certains individus de reconnaître les couleurs au toucher, les yeux bandés ?

Certains peuvent-ils prédire l'avenir ? Que valent

alors les grandes prédictions ? Qui écrit celles qui se sont réalisées ? L'astrologie a-t-elle un fondement scientifique ? Permet-elle de connaître l'avenir ou est-elle simplement une méthode d'étude de la personnalité ?

Pourquoi et comment certains êtres guérissent-ils par des méthodes suspectes aux yeux de la médecine officielle ? Que penser de ces médecines étranges ? de l'acupuncture ? de l'homéopathie ? des guérisseurs philippins ? Qu'est-ce que la radiesthésie ?

Tout est-il fini après la mort ? Quelque chose que certains appellent l'âme, d'autres le périsprit, survit-il ? Cet esprit se réincarne-t-il parfois ? Avons-nous des vies antérieures ? En gardons-nous des traces et des souvenirs ?

Ces esprits qui semblent nous environner et se manifester à nous sont-ils ces fameux extra-terrestres dont on a la preuve qu'ils existent ? Et sont-il responsables du phénomène des maisons hantées ?

Les miracles sont-ils l'œuvre de Dieu ? Sont-ils le fruit d'un processus psycho-somatique déclenché par la foi du malade ? Sont-ils le fait d'extra-terrestres ?

L'occultisme permet-il à l'homme de franchir les frontières de l'invisible ? Peut-il nous permettre d'accéder à un autre type de connaissance que celui de nos cinq sens habituels ?

Voilà quelques-uns des problèmes passionnants que nous aurions aimé étudier avec vous dans cet ouvrage. Mission impossible faute de place ! Si ce livre vous a permis de découvrir un champ nouveau de réflexion, s'il vous a intéressé à l'occultisme et s'il vous donne envie d'en savoir plus, notre objectif aura été atteint. Les auteurs chargés des autres titres de la collection vous apporteront la réponse à cette cinquantaine de questions qui nous sont venues à l'esprit pour nous servir... provisoirement de conclusion.

Table des Matières

Troisième partie
LA RECHERCHE DE LA VÉRITÉ

Quatrième partie
MAGNÉTISME ET HYPNOTISME

Cinquième partie
L'OCCULTISME À NOTRE ÉPOQUE

Achevé d'imprimer en janvier 1994
par Milanostampa S.p.A - Farigliano (CN)
Dépot légal : janvier 1994
Imprimé en Italie

ISBN 2-84121-003-0